# 本は3冊同時に読みなさい

佐藤 優
Masaru Sato

マガジンハウス

# 本は3冊同時に読みなさい

# はじめに

「読書は言ってみれば自分の頭ではなく、他人の頭で考えることである。絶えず読書を続けて行けば、仮借《かしゃく》することなく他人の思想が我々の頭脳に流れこんでくる」

これはショウペンハウエルの『読書について 他二篇』（岩波文庫）の中の一節です。この本は読書について書かれた本の中でも古典中の古典ですが、ショウペンハウエルは逆説的な言い方で、人生は有限であるからこそ、本を読むことを通じて人生が豊かになると説いているのです。

例えば浅田次郎さんは若い頃に『とられてたまるか！』（学研刊、その後『極道放浪記〈1〉殺られてたまるか！』に改題して幻冬舎アウトロー文庫）という作品をお書きになっていますが、企業舎弟の世界を描いたこの本などはまさに、読むことで、アウトローの世界を代理経験することができます。危険な世界に足を踏み入れないで、危険な世界について知ることができる。実際に経験していたら、人生がいくつあっても間に合いませんが、読書によって代理経験すれば、人生は2倍も3倍も豊かになります。

ではどうしたらたくさんの本を読めるか。多作な作家として知られる赤川次郎さんは同時にいくつもの連載をこなしています。私自身、締め切りをたくさん抱えるようになってよくわかるのは、多作な人はたくさんの仕事を並行して進めるにあたり、仕事ごとに頭を切り替えているという点です。

一つの仕事に疲れたら、別の仕事という具合に、複数を同時に進めれば、仕事の質と効率が上がるようになります。

読書も同様で、1冊ずつ読むより、平行して複数「読書中」の本を持っておく方が、読書の質とスピードが格段に上がります。1冊を読むのに疲れたら、別ジャンルの本を読むことで疲れをとる、そうするとまた1冊目の続きが読みたくなって集中して向かうことができるというわけです。

頭の使う場所を切り替えることによって、たくさん読めるようになります。逆に、1冊を読み終えるまで次の本に手を出さないというルールを課してしまうと、読める冊数が激減します。

常に3冊同時進行で読んでいる。そういう状態をつくるとよいでしょう。

私の場合、月平均３００冊、多い時には５００冊以上を読みます。献本はすべてに目を通しています。全ページめくるので、毎日最低でも1時間半くらいはかかります。しかし、それだけの時間をかける発見があります。

本を買う場合は、同じテーマで3冊5冊という単位で選びます。この習慣は同志社大学神学部と大学院時代からのものですが、のちに読書家である松岡正剛さんも同じことをおっしゃっているのを知り、我が意を得た思いがしました。

私が3冊5冊という奇数にこだわるのは、定説がないジャンルの場合、2冊の主張が相反するケースが出てくるからです。ディシプリンがしっかりしているジャンルであれば、3冊の説は満場一致になります。仮に3冊の説がバラバラに分かれた時には、そのジャンルにはまだ定説が全く確立していないということがわかります。例えば地政学などはそうです。インテリジェンスの世界も然《しか》り、定説がないジャンルです。

同じテーマで集中的に3冊5冊を同時に読み進めるケースもあれば、ジャンルをまたいで小説、ビジネス書、新書というような組み合わせで読むのもいいでしょう。一冊が仕事に関係する本であるなら、全く無関係の本を組み合わせるのも重要です。料理本を入れてみるとか、キノコの本を入れてみるとか。あるいはコミックスなど。自分が普段興味を持たない分野の本を混ぜると、そこから知らない世界が広がることがあります。

また、ドラマで観た「僕だけがいない街」が面白かったので、原作の漫画を読んでみようというのも、いい動機です。最近ではネットフリックスやアマゾンプライムから数々の良質な作品が生まれています。映像作品を入り口に、読書の幅を広げていくのもいいでしょう。

社会現象になっている作品に目を通すことも重要です。今だったら『鬼滅の刃』はマストで読書リストに付け加えるべきです。そこから『約束のネバーランド』を読んでみる。『約束のネバーランド』は『鬼滅』と同じジャンプ・コミックス。共通項は鬼です。さらにそこから馬場あき子さんの『鬼の研究』（ちくま文庫）に手を伸ばしてみましょう。目には見えないけれど、確実に害をもたらすもの、それに対する恐れについて、考えを深めることができます。人間関係における嫉妬にもつながっていきますので、山内昌之さんの『嫉妬の世界史』（新潮新書）、あるいは斎藤環さんの精神・心理学の本を探してみるといいでしょう。こうして関心の幅を広げて、自分の世界を広げていけるのが読書の醍醐味です。

何をどう読むかに関しては、黒田寛一という革マルの指導者が書いた『読書のしかた』（こぶし書房）が隠れた名著です。獄中に入った革マル派メンバーに対して、過激派の指導者は具体的に、限られた環境下で何をどう読むべきかを示します。例えば本は汚く読めとか、自分の判断を書き込めとか、その際にはレーニンの『哲学ノート』を参考にせよというような、実にユニークな論です。横にねっ転びながら本に傍線を引っ張る場合、小指を支えにして親指と人差し指ですっと下に線を下ろしていけば、傍線がうまく引けるといったような記述まである。

同じ黒田寛一が1959年にこぶし書房より出した『何を、どう読むべきか？　マルクス主義の主体的把握のために』という本は読書リストですが、外交官時代も、作家になってからも、私自身が何度も読み返している一冊です。文字通り命がけで人を殺してでも革命を実現しようとしている人たちが、理論武装のために本を読んでいるわけです。その読書術には命がけの強さがあります。そこから学ぶことは多いのです。

先ほど触れたレーニンの『哲学ノート』ですが、革命家レーニンは地下活動を続け、いつも追われているため、蔵書を持つことができませんでした。自分が読んだ本の内容はノートに記し、そのノートだけを持ち歩く。ノートが記憶を呼び起こすインデックスの機能を果たしました。

革命家の読書術は、実は現代のビジネスマンに応用できます。限られた時間の中で、自分のビジネスに役立つ知識をインプットし、本から得た知見を即、自分の血肉とする。学者の本の読み方とは少し違う、ビジネスマンならではの本との付き合い方には、活動家の読書術と相通ずるものがあります。

電子書籍に関しては、私は電子は2冊目と決めています。まず紙の本で読み、いい本で携帯したいものを電子で買うようにしています。6000冊くらいあるでしょうか。すべてスマホで見られるようにしています。必要な時に、すぐその場で参照することができます。

なぜ電子だけにしないかといえば、私のように紙の本で育った人間は、紙で読む方が記憶への定着が圧倒的に強く、ずっとよく頭に入るからです。最初から電子書籍で本を読む習慣がついている世代でも、紙で読むのと電子で読むのとでは違いを感じているようです。同志社大学神学部での教え子の一人は、その違いを、「紙の本の場合、記憶が三次元になる」と表現していました。この本のだいたいこの辺りに書いてあったなと、三次元で記憶を辿ることができる。付箋がなくても、体と視覚がそれを覚えている。電子書籍では経験できない紙の本ならではの良さです。

本書は私がこれまで書いてきた書評を中心にまとめました。1冊1冊をどんな風に読んだか、その読書の仕方をトレースできるような書評を選びました。1冊知ったら次に読む本が見つかるような構成にしています。また、読書の幅を広げていただくために、あえてジャンルを細かく設定しました。普段手にしないジャンルの本も1冊読んでみると、そこから広がりが生まれます。

同じ章の中で3冊読むのでもいいし、章をまたいで一つのテーマを掘り下げるのもいいでしょう。

一度きりの人生だからこそ、豊かな経験値を得られるよう読書を習慣づけていただければ、こんなに幸せなことはありません。

目次

## 今、この社会で何が起きているか



## 思想からのアプローチ

目次

## 人間理解を深める



## 小説から得られるもの



## 神学・宗教

# 大局から物事を捉える——歴史の本

歴史は繰り返しますが、同じ形で繰り返すことはありません。歴史書を読むことで、私たちは物事の構造を知り、類比的な見方を身につけることができます。類比的な見方とは、いわゆるアナロジーとメタファーです。

歴史は、小説で勉強すべきではありませんが、歴史小説は読むべきです。私の鞄にも今日は『坂の上の雲』第二巻が入っています。空き時間ができたら司馬遼太郎や五味川純平の『戦争と人間』、塩野七生を読み直します。何ラウンドもぐるぐるします。例えばベンチャービジネスを始める若い人が出資金を大御所にお願いする場合、とっかかりとして司馬さんや塩野さんの話ができると有利です。ビジネスマンにとっても若い世代にとっても、歴史小説は話の入り口として有効です。

歴史書としては岩波講座や一昔前の中央公論の『世界の歴史』『日本の歴史』シリーズがスタンダードです。ただしシリーズものですので、一冊に絞るなら検定教科書が一番です。検定教科書のAの方を本棚に差しておければ安心です。

本章で扱う加藤陽子さんは実証研究を重視する一級の学者です。なぜ無謀な戦争に突入したかを繙《ひもと》くことで日本人の物の見方を知ることができる。

始まりと終わりがある歴史を知って、一つの時代のダイナミズムを捉えることができれば、現在、未来に活かすことができる。過去から学ぶことはたくさんあります。

## それでも、日本人は「戦争」を選んだ

加藤陽子　新潮文庫

私は、同世代の知識人で、何人か心の底から尊敬している人がいる。その一人が加藤陽子氏（東京大学大学院教授）だ。加藤氏、福田和也氏と私の2年近くにわたる鼎談《ていだん》をもとに『歴史からの伝言――〝いま〟をつくった日本近代史の思想と行動』（扶桑社新書、２０１２年）を上梓したことがある。複数回、鼎談で同席すると、その人の学識だけでなく、人間性、人生観もわかる。加藤氏は、実証性を重視し、史料をていねいに精査する歴史学者であるが、歴史に彼女を向かわせる動因には、人間に対する強い関心がある。加藤氏は、〈私の専門は、現在の金融危機と比較されることも多い一九二九年の大恐慌、そこから始まった世界的な経済危機と戦争の時代、なかでも一九三〇年代の外交と軍事です〉と述べている。この時代の軍人、政治家、外交官などについて、加藤氏は徹底的に史料を読み込んで、各人に内在する論理を精確にとらえている。私などは、個人研究をすると、その人

物に無意識のうちに好感を抱くようになってしまうが、加藤氏は、歴史上の人物を突き放して見ることができる。恐らく、加藤氏は、人間の限界を超えて、歴史を突き動かす目には見えないが確実に存在する力をつかまえることに成功したのだと思う。それだから、歴史に登場する人物や出来事を相対化することができるのだ。

同時に、加藤氏は、熱い魂を持っている。正義感が強く、ある人間の集団が、さまざまな理屈を付けて、別の人間の集団を殺す戦争を憎んでいる。熱い魂と冷静な頭脳が見事に結合しているところに本書『それでも、日本人は「戦争」を選んだ』の魅力がある。加藤氏は、専門書、一般書、啓蒙書を多数出版している(ちなみに、私が最初に読んだ加藤氏の作品は、『戦争の日本近現代史』[講談社現代新書、2002年]で、鈴木宗男事件に連座して、2002年5月14日に逮捕される1週間前に、当時の職場だった外務省外交史料館[東京都港区麻布台]から、潜伏先のウイークリーマンションに帰る途中、六本木交差点のビルの中の書店で購入した。逮捕される直前に私が読んでいた本がこの本だった)。ただし、本書には、他の加藤氏の著作とは異なる特徴がある。それは、栄光学園の中学生、高校生を対象とした講義をもとにした作品であることだ。加藤氏は、生徒に考える材料を与え、双方向性を最大限に生かしながら講義を進めている。生徒たちの「自分の頭で考える力」を養成する見事な講義を行っている。一例をあげると、1938年に中華民国の駐米大使となった胡適の外交戦略だ。
〈これまで中国人は、アメリカやソビエトが日本と中国の紛争、たとえば、満州事変や華北分離工作など、こういったものに干渉してくれることを望んできた。けれどもアメリカもソ連も、自らが日本と敵対するのは損なので、土俵の外で中国が苦しむのを見ているだけだ。ならば、アメリカやソ連を不可避的に日本と中国との紛争に介入させるには、つまり、土俵の内側に引き込むにはどうすべきか――それを胡適は考えたのです。

みなさんが当時の中国人だとしたら、どのように考えますか。

――アメリカとソ連と日本を戦わせるための方法？

そうです。日本を切腹へ向かわせるための方策ですね。日本人の私たちとしては、気の重くなる質問ですが。

――連盟にもっと強く介入させるよう、いろんなかたちで日本のひどさをアピールする。

蔣介石がとった方法を、さらに進めるということですね。正攻法です。でも、連盟はあまり力にはならなかったし、アメリカは加盟国ではなかった。これは少し弱いかな。

――わからないけれど、ドイツと新しい関係ができてきたから、それを利用するとか……。

くわしくは次の章でお話ししますが、ドイツが一時、中国を支えるようになるのは事実です。ですが、もっとアメリカとソ連にダイレクトにつながることですね。

――まずはイギリスを巻き込んで、イギリスを介してアメリカを引き込むとか……。

アメリカがイギリスを重視していたというのは当たっています。でも、イギリスはドイツとの対立が目前に迫っていて、この頃は余裕がなかった。それでは、そろそろ胡適の考えをお話ししますね。かなり過激でして、きっとみなさん驚くと思います。

胡適は「アメリカとソビエトをこの問題に巻き込むには、中国が日本との戦争をまずは正面から引き受けて、二、三年間、負け続けることだ」といいます〉。

生徒によく考えさせ、意見を言わせた後に、専門家的知見に基づく答えを示すという見事な手法だ。この講義を通じて、生徒たちは、歴史のダイナミズムを知ることができる。この知識は、講義に参加した生徒たちが将来、政治家、外交官、商社員などになって、国際舞台の第一線で活躍するときに必ず役立つ。加藤氏が教育者として卓越した能力を持っていることがこの作品の行間から伝わってくる。

――「波」２０１６年７月号

# 地中海世界
## ギリシア・ローマの歴史

弓削達　講談社学術文庫

約二千年にわたる古代ギリシアとローマの歴史を一体のものとして記述する意欲的な試みだ。〈ギリシアとローマを一つの世界として捉えようとするときに、ひとはしばしば「古典古代」という概念によりかかる。しかしながら、「古典古代」という概念は特定の時代の特定の人びとの時代意識、あるいは価値意識を前提にした概念であって、それはただちにわれわれのものにはなりえない。人間性と個性と理性の解放をねがい、理性の進歩にこそ人間の幸福があると信じた時代の人びとにとって、ギリシアとローマは、回帰すべき、模範とすべき時代であり、「古典」古代であった。この信仰を共有しない現代のわれわれにとって、ギリシア・ローマは「古典古代」ではありえないのである〉。

古典古代を理想化するのは、中世を暗黒時代とするルネサンス期のヒューマニズムに基づくものだ。第一次、第二次の世界大戦による大量殺戮《さつりく》と大量破壊を経験した現代人は、ルネサンス期のような楽観的人間観を維持することができない。弓削氏は、以下の方法でギリシアとローマの歴史を一体のものとしてとらえることができると考える。〈歴史とは現在と過去との対話であり問答である、というE・H・カーの名句をふまえていえば、バラクラフのいうようにグローバルな世界史的段階に立つわれわれの精神によって捉えようとするのだ、と答えるほかはないであろう。本書の叙述が、無色透明、中立的で「客観的」であることを要請する文部省の検定を通過した高等学校の「世界史」教科書のたぐいと、おそらくまったく趣きを異にするのも、そのためである〉。

確かに本書の内容は高校世界史教科書の記述とはだいぶ異なるが、現在と過去との対話という方法を取ったことにより、時空を超えて古代のギリシアとローマの人々の生活が21世紀のわれわれの前にリアルに現れてくるようになった。そこからさまざまな知的触発を受ける。例えば、奴隷制についてだ。〈ギリシア、ローマの世界を、自由人である市民共同体成員の、奴隷にたいする経済的搾取が基本的な階級関係を規定していたという理由で、奴隷制社会とよぶことがある。そのさい、アテネ、コリントス、アイギナの奴隷数を数十万と伝えるアテナイオスの伝承から、奴隷数は市民人口をはるかに上まわる多数であったと考える推定が、この「奴隷制社会」論を支える重要な根拠になっていた。しかし今日の研究では、このアテナイオスの伝承はそのまま信用されるものではないことが一般に承認され、たとえば紀元前四世紀のアテネにおいては、市民数約三万、その家族を含めても約一五万、それにたいして奴隷数一〇万前後とする算定がしばしば行なわれている。購買奴隷制のきわめて発達したアテネですらこうであったとすると、ギリシア＝ポリス一般についてはなおさら奴隷数の過大評価をいましめなければならない〉。

奴隷の数は意外に少ない。近未来にビッグデータをアルゴリズムで計算するＡＩ（人工知能）技術が発達すると、現在、事務職の人々の仕事がかなり失われると予測されている。これはあらたな奴隷制の到来なのかもしれない。ただし、社会機能的にはＡＩ技術を駆使して価値と富を作り出す人々が奴隷で、新しい時代に適応した仕事を見いだすことができず、生活に必要な資金（ベーシックインカム）を受領する人々が労働から解放された自由民になる。しかし、古代の奴隷制と逆に、奴隷に富と権力が集中する。貧しいが時間の余裕がある自由民から新しい文化が生まれるかもしれない。

――「毎日新聞」2020年2月23日

シリーズ近現代ヨーロッパ200年史

# 地獄の淵から

## ヨーロッパ史 1914-1949

イアン・カーショー［著］ 三浦元博・竹田保孝［訳］ 白水社

『ヒトラー』、『運命の選択』など現代史研究で有名なカーショーが、全4巻からなる「シリーズ近現代ヨーロッパ200年史」の第3、4巻を担当している。本書第3巻では第一次世界大戦が勃発した1914年から東西冷戦体制が確立する1949年までを扱っている。訳文もわかりやすく、2段組で本文474頁の大部の書であるが、一気に読むことができる。

本書を読むと、近代ヨーロッパの基本原理が民族で、統治する地域で自民族が支配的地位を占めようとするエスノクラシーという病理が2度の世界大戦を引き起こしたことがよくわかる。経済混乱によって弱体化した政治エリートが過激な民族主義を自己の権力基盤を強化するための道具として用いたことに最大の問題がある。〈一九二〇年代前半のインフレ危機と一九三〇年代のデフレ危機が、砂上の楼閣と判明するほんの短いにわか景気を挟んでいる。わずかな時間を隔てたこの二つの経済的・社会的大混乱の局面は、欠乏と欠乏の恐怖が政治的過激派を大いに煽《あお》り立てる風土を生んだ。／政治的大変動を生み出すには、経済混乱だけでは不十分である。それには、弱体化した権力エリート層を大衆動員の新たな圧力にさらす、既存イデオロギーの分裂と根深い文化的対立に根ざした国家の正当性の危機が必要だった。ところが、まさにそうした条件が、ヨーロッパの多くの地域に存在したのだ。とりわけ、根深い過激ナショナリズムが、社会をおおう国家威信の喪失感と裏切られた大国としての地位への期待に便乗して、強力な運動――自らが対決していると称する邪悪な敵の「強さ」を糧とする運動――を育てることができ、権威が地に落ちた国家で権力をうかがう立場にあった地域に存在したのである〉。

21世紀のヨーロッパにおいてもエスノクラシーが頭をもたげ始めている。英国のEU（欧州連合）からの離脱、フランス、ドイツ、オーストリアなどでの極右勢力の台頭がその具体例だ。民族主義を抑制する方策をヨーロッパ各国が取らないと、再びヨーロッパの地で戦争が起きる可能性がある。しかし、それは過去2度の世界大戦とは異なる形態の戦争になる。過去の世界大戦は国家と国家の戦いだった。これに対して、今後起こりうる戦争は、国家とイスラム教スンニ派過激派「イスラム国」（IS）のような国境を越えるテロ組織との宣戦布告なき戦争となる。ただし、この戦争も総力戦となる。総力戦においては、前線と銃後の区別がなくなる。カーショーはこの点に注目し、〈第二次世界大戦における前線と銃後の隔たりは、それに先立つどの戦争の場合より小さかった。多くの場合、隔たりはまったくなかった。両戦線は多かれ少なかれ融合していたのである。東欧各地では、ヒトラーとスターリンの軍が暴れ狂いながら前進と後退を繰り返し、そしてパルチザン活動が広がって、前線と銃後の個別の意味をほぼすべて消し去ってしまった。他のヨーロッパ各地では、違いはもっとはっきりしていた。すべての交戦国の国民は、多くは占領ドイツ軍の長靴《ちょうか》の下で、さまざまな形で生き地獄に耐えたのである〉と指摘する。

無辜《むこ》の住民をテロの標的とするＩＳに前線と銃後の区別はない。このような状況を踏まえ、ヨーロッパ各国が総力戦に向けて社会構造を変化させる可能性がある。その結果、これまで普遍的価値とされていた自由や人権が著しく制限される危険がある。

——「毎日新聞」２０１７年７月２日

# 東ドイツ史 1945-1990

ウルリヒ・メーラート［著］ 伊豆田俊輔［訳］ 白水社

本書を読むと現下ドイツの構造問題が1990年のドイツ再統一（平和革命）に起因することがよくわかる。〈東側では、自分たちが政治的には重要ではなく、ある種の請願者に似た役割に甘んじる「二級の」ドイツ市民だという感覚が広まった。東では信託公社が経済的な転換プロセスの象徴になった。ここでは西の企業家が東ドイツ経済の民営化から利益を収め、この反面で市民がその費用を支払わねばいけなかった。東側への市場経済の導入によって西側地域においては、社会福祉的な要素を含む経済の形〈西ドイツの社会的市場経済〉が時代遅れに見えるような風潮が現れた。／平和革命から二〇年がたち、ドイツ人は、度重ねて誓ってきた精神的な統一を依然として達成していない〉。旧東ドイツ地域では「ドイツのための選択」のような右翼政党が台頭しているが、その原因は東ドイツが「悔い改めたナチス党員」の政治参加を認めていたことにあるという構図が本書から浮かび上がってくる。〈ソ連は一九四八年六月にドイツ国民民主党［以下、NDPD］とドイツ民主農民党［以下、DBD］の設立許可を出した。両政党の設立はSEDの主導で行われて、党指導部のドイツ人共産主義者たちは体制に順応した政策を行った。NDPDはかつての軍の将校やナチ党員並びにブルジョア・グループに向けられた政党になった。この政党には、全ドイツ的プロパガンダという枠組みで時折ナチ的な表現を使うことさえも許されていた〉。社会主義社会を建設するためには、元ナチス党員の技術者や官僚を排除することはできなかったのであろう。その結果、東ドイツでは、隠れた形でナチス思想が残ってしまい、それが東西ドイツ統一後に噴き出してきたのであろう。

ところで70年代に東ドイツは東欧社会主義諸国における優等生と呼ばれていた。それにはそれなりの根拠があった。〈一九七〇年代前半の東ドイツでは、ある種の覚醒の気風というものが広まっていた。これに貢献したのは、生活状況が改善したことばかりではない。とりわけ比較的若い層は、その核にヒューマニズム的な要素を持つ社会主義イデオロギーを額面通り受け止め、希望と喜びの眼差《まなざ》しで、アフリカや南米、アジアの新しい国民国家を見ていた。世界中のあらゆる場所で、社会主義の前進は止められないように見えた。キューバではフィデル・カストロが超大国アメリカと渡り合い、そのアメリカは一九七〇年代初めにはヴェトナムで大敗北を被らざるを得なかった。チリにおけるサルバドール・

アジェンデの選挙での勝利は、社会主義への民主的な道を期待させた。ポルトガルでは一九七四年に平和的な「カーネーション革命」が勝利した。鉄のカーテンの両側で解放闘争の英雄たち——とりわけエルネスト・チェ・ゲバラが——共感を呼び、人々の憧れとして機能した。熱帯の椰子《やし》の下における社会主義革命ロマンは、東ドイツの固有の日常にある諸矛盾を、一時的ではあるにせよ、後景に退かせた〉。

拙著『十五の夏』（幻冬舎文庫）に記したが、75年の夏、高校1年生の時に評者はソ連・東欧を一人旅した。ハンガリーのブダペシュトで東ドイツ人家族と知り合った。当時中学生でその後医師となるハイケとはその後、文通を続けた。彼女を通じて東ドイツの教育水準の高さを知った。文通では国際情勢や歴史、哲学、宗教などさまざまな事柄について議論したが、ハイケは自分の頭で考えたことを率直に記す優れた知識人だった。東欧社会主義諸国の「肯定的遺産」についても、冷静に再評価する必要があると思う。

——「毎日新聞」２０２０年１月５日

# 日本を取り巻く情勢を知る本

日本にとって重要な国はアメリカ、中国、ロシア。日本が生き残るためにも、こうした周辺情勢について常にアップデートしておく必要があります。背景にあるのは地政学の考え方です。

海洋国家であるアメリカと、大陸国家の中国、ロシア。その両方に引っ張られる半分島で半分大陸の朝鮮半島(韓国と北朝鮮)。日本とアメリカ、中国、ロシアの因数として朝鮮半島をとらえることができます。こうした地政学的な見方が頭に入っていると、何か事が起きた時に、全容をつかむことが容易になります。

情勢のアップデートに役立つのが新書本です。総合月刊誌が発行部数を減らすなか、新書が果たす役割が変わってきているように感じられます。専門書の入り口として位置づけられていた新書が、今や、雑誌論文を2、3回分まとめたような体裁で、〝入り口〟以上の完結した存在感を示しています。かつての総合雑誌の役割を担っていると言えるでしょう。1冊読めば、それなりにまとまった知識を身につけることができます。

毎月の各社が刊行する新書ラインナップから3冊選ぶだけで世の中の様々な動静を把握することができるでしょう。

# トランプ時代の日米新ルール

薮中三十二　PHP新書

外務省の元事務次官で、米国事情に通暁し、対北朝鮮交渉に長年従事した薮中三十二氏による優れた外交分析書だ。

薮中氏はトランプ大統領が進める「アメリカ・ファースト（米国第一）」政策について冷めた見方を示し、こう述べる。〈今後ともアメリカ経済は、二十一世紀のアメリカ経済の発展を牽引《けんいん》してきたIT産業と金融資本によって支えられていくと考えられ、アメリカでふたたび鉄鋼産業などが復興することは考え難い。したがってニューヨークやカリフォルニアを中心とした地域がアメリカ発展の主体となり続けると予想され、トランプ政権の掲げた排他的な政策やアメリカ・ファーストの主張は一時的なものかもしれない。／しかしながら、トランプ政権が四年間は続くわけであり、その間の政策はトランプ流の考えに大きく左右されることは間違いない。そしていったん、排他的となった制度を元の自由で開放的な制度に戻すためには多大なエネルギーと時間を要することが考えられる〉。トランプ政権の誕生による混乱は、当面続くということだ。

藪中氏は、トランプ政権が、北朝鮮と二国間交渉を始めるのではないかという見方を示す。まず、北朝鮮の論理について、〈北朝鮮がアメリカとの二国間協議を要求するのには北朝鮮なりのロジックがある。北朝鮮は、「なぜ核開発をするかといえば、アメリカが北朝鮮を敵視してきたからである。（略）」〉〈韓国に対しても優位を示すことができ、国内的にも、「アメリカと並ぶ強国なのだ」と国民に示すことができるという思惑もあった〉との見方を示す。その通りと思う。さらに藪中氏は、〈五月一日のインタビューで「金正恩委員長はなかなかスマートだ。会うのに適当な場合は、もちろん会う。会うのは光栄なことだ」と述べたのである。北朝鮮を「悪い、ひどい」と難詰したかと思えば、「会うのは光栄だ」である。硬軟とり交ぜてのトランプ流交渉術といえばそれまでだが、ビルを一棟、二棟売り込むとか、テレビ番組で「お前はクビだ」といった世界ではなく、一つ間違えば核兵器を巻き込む大戦争に発展しかねない状況のなかでの発言であり、トランプ発言には呆《あき》れるばかりである。このトランプ発言はトランプ政権下できちんと戦略を練ったうえでの発言ではなく、さすがのスパイサー報道官も「いまだ会談を行う状況ではない」と否定していたが、私は米朝二国間協議といった展開になる可能性があると見ている〉と指摘する。興味深い筋読みだ。

金正恩委員長は、リビアのカダフィ大佐が核開発を放棄したので、体制が崩壊したと考えているようだ。しかし、この認識は間違っている。リビアが核開発を強行したならば、米国と英国が武力攻撃によってカダフィ政権を打倒したことは間違いない。一般論として、交渉により紛争を平和裏に解決することが望ましい。ただし、トランプ大統領の外交交渉には大きな不安がある。米朝二国間交渉が始まると、トランプ大統領が金正恩委員長に対して過剰な譲歩をする可能性だ。北朝鮮に核兵器と弾道ミサイルを完全に廃絶させるのではなく、米国の脅威にならないレベルに北朝鮮の脅威を削減できればよいということをトランプ氏が考えると、面倒なことになる。具体的には、北朝鮮がＩＣＢＭ（大陸間弾道ミサイル）開発を断念することと引き換えに、米国が金正恩政権を正式に認め、北朝鮮と外交関係を樹立するというシナリオだ。その場合、日本全域を射程に収める核弾頭を搭載した中距離弾道ミサイルを北朝鮮が保持することを米国が認めることになる。

——「毎日新聞」２０１７年８月６日

# 金正恩
## 狂気と孤独の独裁者のすべて

五味洋治　文藝春秋

北朝鮮情勢に通暁した日本人記者でも東京新聞の五味洋治氏には、特筆する業績がある。金正恩朝鮮労働党委員長の異母兄である金正男氏（2017年2月にマレーシアのクアラルンプールで暗殺）と複数回、直接接触し、数多くのメールでの連絡を通じて独自の情報を得た経験から、金王朝の内在的論理を熟知していることだ。

本書は、北朝鮮、韓国、中国、米国などでの丹念な取材と公開情報の徹底的な読み込みを通じて、金正恩氏の実情と北朝鮮をめぐる国際情勢について分析した優れた作品だ。現下の北朝鮮情勢について論じる際の基本書だ。五味氏は、米軍による北朝鮮への武力行使を煽《あお》るような論者とは一線を画する。〈私は最近、米国政府に対して、長年北朝鮮問題のアドバイザーをしていた韓国系米国人の意見を聞いた。彼は米国には北朝鮮への軍事攻撃の選択肢はないと明言する。／予測しがたい犠牲が生まれる危険性が高いからだ。（中略）

北朝鮮専門サイト「38ノース」は、北朝鮮がソウルと東京を核攻撃した場合、最大で210万人が死亡、770万人が負傷するとの試算を最近発表した。コンピュータを使った分析が基になっており北朝鮮が20~25発の核弾頭と、それを弾道ミサイルに装着する能力を持っていると想定している〉との指摘が重要だ。現実的に考えた場合、北朝鮮との戦争という選択肢はないことを冷静に理解すべきだ。

本書を読むと、日本の対北朝鮮外交が、米韓と比較して、情緒的でイデオロギー過剰であることがよくわかる。〈北朝鮮に対して、日本政府はトランプ政権と歩調を合わせて、最大限の圧力をかけ、政策を変えさせることを基調としている。日本独自の経済制裁も加え、北朝鮮のミサイルに対抗するため、迎撃態勢も強化している。こういった「力での対抗」策を否定するつもりは全くない。脅しに屈しないという姿勢は評価できる。／しかし、かつて日本は北朝鮮に関する情報で、世界をリードしていた。金正恩とその家族に対する情報も豊富だった。それが、2002年に行われた小泉純一郎首相と、金正日の日朝首脳会談につながり、拉致被害者の帰国にもつながったと私は考える。／しかし、残念ながら今は、独自の情報も少なく、ほとんど米国に頼っている状態だ。私は、日本政府の北朝鮮担当者と会うことがあるが、積極的に北朝鮮の内部情報を得ようという意欲を失っている。もし、北朝鮮側の人物と接触し、それが明るみに出れば、批判されると考え萎縮しているのだ。さらにそれぞれの組織が情報を抱え込んで、共有されていないという印象がある〉。インテリジェンス面でも、日本は米韓から大きく遅れているのだ。外務省、警察庁、公安調査庁、防衛省などに分散している情報を総合し、日本国家の生き残りのために活用する必要がある。この点からも首相に直属した対外インテリジェンス機関の創設が急務だ。

一般論として、脅威は意思と能力によって構成される。北朝鮮が、能力、すなわち核兵器と運搬手段、とりわけICBM（大陸間弾道ミサイル）を持つことが確実視されている。この状況で、脅威を除去するためには、北朝鮮の外部世界に対する攻撃意思をなくさせる必要がある。北朝鮮に対する「制裁と圧力」から「対話と妥協」に舵《かじ》を切り替える必要があることが本書を読むとよくわかる。5月までに予定されている米朝首脳会談後、日本も政策転換を迫られるだろう。

——「毎日新聞」2018年3月18日

# 習近平の敗北
## 紅い帝国・中国の危機

福島香織　ワニブックス

タイトルは扇情的だが、内容はしっかりしている。現下中国の情勢を公開情報の丹念な読み込みと、ていねいな取材によってよく分析している。特に興味深いのが習近平政権の宗教政策に関する紹介だ。〈2018年4月、中国は1997年以来2冊目となる宗教白書「中国の宗教信仰の自由を保障する政策と実践白書」を発表し、習近平政権における宗教政策の方向性を強く打ち出しました。そのキーワードは「宗教の中国化」です。／白書によれば、中国はすでに五大宗教（仏教、キリスト教、イスラム教、ユダヤ教、ヒンドゥ教）人口が2億人を超える宗教大国となり、それに伴い、中国共産党による宗教管理の強化が必要だと訴えていました。ちなみにこの2億という数字は、中国共産党が認める宗教者数です。中国には中国共産党が公認する宗教と非公認の宗教があり、非公認の宗教は〝邪教〟として排除・迫害の対象となっています。実際の宗教人口はおそらくこの2倍以上。

キリスト教だけでも1億人、仏教徒は最近では3億人前後という推計も出ています〉とのことだ。

中国情勢を分析する場合、宗教の要因を無視することができない。毛沢東思想（中国版共産主義）という名の無神論の宗教が力を失ったので、その隙間《すきま》をさまざまな宗教が埋めているからだ。宗教対策に共産党中央が乗り出してきて「宗教の中国化」を実現しようとしている。〈この膨大な宗教人口を管理するために、国家宗教事務局は2018年4月から党中央統一戦線部傘下に組み入れられることになり、党中央が直接、宗教工作を指導するかっこうとなりました。元国家宗教事務局副局長の陳宗栄はこの機構改革について「我が国の宗教の中国化方向を堅持し、統一戦線と宗教資源のパワーを統率して宗教と社会主義社会が相互に適応するように積極的に指導することを党の宗教基本工作方針として全面的に貫徹する」と説明しています〉。「宗教の中国化」で念頭に置かれているのは、国際的ネットワークを持つキリスト教やイスラム教だ。これらの世界宗教を中国に土着化させ、政治的に中国共産党体制と対立しなくなるようなゲームのルールを確立することを中国共産党が狙っているのだと思う。カトリック教会の司教人事を巡って、バチカン（カトリック教会の総本山）と中国は長らく対立していたが、最近、和解の兆しが見られる。カトリシズムは、地域の文化や伝統に宗教を土着化させるノウハウに長《た》けている。「宗教の中国化」

にカトリック教会が同意し、バチカンと中国が外交関係を樹立する日が、そう遠くない将来に訪れるかもしれない。日本との関係では、創価学会の宗教活動が中国で認められる可能性がある。創価学会の国際組織であるSGI（創価学会インタナショナル）は、各国の政治制度、文化を尊重しながら布教活動をするという立場を取っている。現在、中国では一国二制度の下で、香港と澳門（マカオ）ではSGIが活動している。中国SGIが創設されることになると、宗教を通じて日中関係が強化される。このことは日本外交にも無視できない影響を与えるようになるであろう。

中国社会に今後、深刻な問題をもたらしうるのが少子高齢化だ。1979年から2015年までの極端な人口抑制政策のツケが回ってきている。〈2019年1月21日、国家統計局から2018年の人口動態統計が発表されました。／それによると、2018年末の総人口は13億9500万人。／2018年の出生人口は1523万人で2017年の1723万人より約200万人減少。2016年が1786万人だったので、2年連続減少ということになります。／自然出生率は10・8%、死亡数は993万人で7・13%、530万人の人口増で人口増加率は3・81%。出生率と人口増加率は建国1949年以来最低だと中国メディアは報じました〉。日本と比べるとかなりましな状況だが、それでも現役世代が高齢者を支えきれなくなる状況が中国に訪れる。

〈一人あたりGDPはまだ1万ドル未満（日本は3万8000ドル）。小康社会（そこそこゆとりある社会）が実現する前に、労働力減速期、少子高齢化社会に入ってしまったので、切実に「養老」問題が突出してくることは疑いようのないところです。すでに、地方での老人虐待、老人遺棄の事件が少なからず報じられ、高齢化社会の問題として対応が迫られています〉と福島氏は指摘する。政治的に、経済・社会問題を解決できないときに、一部の人々は宗教に救いを求めるようになる。この意味でも、今後、中国で宗教の影響は拡大していくであろう。中国の歴史を見ると、民衆の不満が宗教と結びついたときに、大きな政治的力となり、王朝の崩壊につながったことがある。中国共産党指導部は、民衆が宗教に頼るような状況が近未来に到来することは避けられないと認識しているので、宗教を体制内に取り込むことに腐心しているのだと思う。ひとたび宗教が民衆の心をとらえると、中国社会の構造が変化し、共産党支配の基盤が腐食されるリスクもある。

――「毎日新聞」2019年6月30日

# スターリン批判　1953～56年
## 一人の独裁者の死が、いかに20世紀世界を揺り動かしたか

和田春樹　作品社

強い知的衝撃を受けた。ロシア語による史料の徹底的な読み込みと、解釈を通じ、スターリン（1878～1953年）晩期から死を経て、フルシチョフをはじめとするスターリン派によるスターリン批判がどのように行われていくかを、重層的に解明した作品だ。

まず、和田氏は、ソ連を「国家社会主義の体制」と位置づける。マルクス主義が想定する初期段階の共産主義社会としてのソ連という見方を取らない。そして、この特殊な国家の中枢部の権力闘争、外交（特にユーゴスラビア、ハンガリー、東ドイツ、ポーランド、中国、日本）との文脈の中でスターリン批判を見ていく。本書の主要な登場人物であるフルシチョフ、ベリヤ、モロトフ、ミコヤン、ブルガーニン、マレンコフなどは、そもそもスターリン派だ。誰もが粛清で手を汚している。スターリン派によるスターリン批判なので、線引きを少し変えると、告発者が犯罪者にされてしまう。この駆け引きが推理小説を読む

ようだ。

特に、スターリン死後、改革路線を取ったベリヤを粛清するくだりが興味深い。ベリヤは、内務人民委員部（秘密警察）を掌握しているので、フルシチョフは、防空軍の軍人を集めて逮捕に備える。1953年6月26日のことだ。〈マレンコフは、今日は閣僚会議幹部会が予定されていたが、党中央委員会幹部会にして、緊急の党務問題を議論したいと述べ、フルシチョフを発言者に指名した。フルシチョフは「ベリヤ問題の討議を提案したい」と切り出した。ベリヤは不意を突かれて、震えだし、フルシチョフの手をつかんで、「これは何だ。ニキータ、何を言いだすんだ」と言った〉。過去の経験から、ベリヤはこのような形で会議が始まると、逮捕、投獄、銃殺というベルトコンベアに乗ることになるとわかっている。昨日の友が今日は敵になるというスターリン体制のゲームが、スターリン批判派においても引き継がれている。なお、従来、ベリヤについて言及した書籍では、同人をスターリンと同じグルジア人とするものが多かったが、本書ではベリヤはミングレリア人（グルジア西部に定住する少数民族）であると明記している。グルジア人とミングレリア人の関係も複雑で、本書ではこういう重要な細部についてもていねいに描かれている。

1956年2月14〜25日にソ連共産党第20回大会が行われ、フルシチョフがスターリン批判の秘密報告を行った。この秘密報告を米国務省が発表したが、ソ連は真偽について沈黙し、ゴルバチョフ書記長時代の1989年に初めて公表された。しかし、その前に奇妙なロシア語版が流布された。〈一九七〇年代にソ連で、一九五九年に国立政治文献出版所から出版されたというパンフレット、偽書が西欧の書店に現われ、粗忽《そこつ》な専門家が本物と思い込むこともあった。志水速雄訳『フルシチョフ秘密報告「スターリン批判」』（講談社学術文庫、一九七七年）は、そのような誤解の産物である〉と和田氏は指摘する。東西冷戦期には、米国、ソ連の双方がさまざまな謀略戦を展開した。この偽の「ソ連製フルシチョフ秘密報告」に、当時、東京外国語大学教授でソ連政治研究の第一人者であった志水速雄氏も引っかかってしまったのである。謀略は恐ろしい。本書の通奏低音として『歴史の諸問題』誌の寄稿者を中心とする知識人が、地味だが、頑強にスターリン主義に抵抗する姿が描かれている。感動的だ。

——「毎日新聞」2016年7月10日

## 「北洋」の誕生
### 場と人と物語

神長英輔　成文社

現在、「北洋」という言葉を新聞で見かけることはほとんどない。評者が外務省に入省し、研修生としてソ連課に配置された1985年5月当時、北洋漁業に対するマスメディアの関心は高かった。北洋漁業を担当するソ連課の事務官は、日ソ漁業交渉が行われている期間は、連日、役所に泊まり込み疲労困憊《こんぱい》していた。その様子を見ながら「北洋漁業の担当だけはしたくない」と評者は思った。本書を読んで、なぜ北洋という言葉を目にしなくなったかの謎が解けた。神長氏は、北洋とは厳密な地理的概念ではなく、〈「その時点で実際に北洋漁業がおこなわれている海域」なのである〉と定義する。1992年に、かつて北洋漁業と呼ばれた北太平洋の公海上で行われる母船式ほかのサケ・マス漁業が終了したので、北洋という言葉もマスメディアから消えたのである。

本書は、北洋というキーワードを軸にして、近代の日露関係史を考察した意欲的な作品だ。〈これまでの北洋漁業の歴史は「われら日本人」がその勢力を拡大あるいは縮小させていくものとしてのみ語られてきた。この歴史において主人公は常に日本人であり、主人公はロシア（ロシア人）による不断の圧迫のもとで苦闘するものとして描かれてきた〉。神長氏は、「われらの北洋漁業」という類の「日本国民の物語」を脱構築することを試みる。「北方探検家」「北洋の開拓者」「北洋の先覚者」などとして知られる郡司大尉こと郡司成忠《しげただ》（1860〜1924）についての語り直しが興味深い。冒険心に富んだ人情家という郡司像は、実態からかなりかけ離れている。1893年からの郡司一行の占守島《しむしゅ》探検は有名であるが、郡司の見通しの甘さから多くの死者を出した。郡司は翌年帰国するが、後に南極探検で有名になる白瀬矗《のぶ》（1861〜1946）にもう1年、越冬することを強要する。〈白瀬は「郡司成忠もさすが父子間の恩愛としても、烈寒孤島の穴居中に無謀血気の壮丁と共に残留することの忍びんと云《い》ふ念慮より、其《そ》の余波、矗に強迫的残留を励行したのです」と記している。白瀬は郡司が自らに二度目の越年を強要したのだと怒りをこめて綴《つづ》っている。白瀬は日清戦争に参加できなかったことを大いに悔やんだ。そして二年目の越冬が自らの軍人としての経歴を断っただけでなく、さらなる犠牲者をもたらしたと述べ〉ている。1894〜5年に占守島で越冬したのは白瀬を含め6人だったが、食料も不足気味で3人が死亡した。〈白瀬自身も生死の境をさまよったが、飼い犬を涙ながらに殺して食うことで窮地を脱した〉のである。もっとも占守島での越冬経験は、後の南極探検の際に役立っている。白瀬が日清戦争に参加し、海軍で順調に出世していれば、南極探検の機会は巡ってこなかった可能性が高い。人生には人知を超えた巡り合わせがあるのだ。

神長氏は、北洋漁業が衰退するとともに、北方領土問題に北洋物語が吸収されていったと考える。〈もともと一九五〇年代までは、北方領土問題を論じた言説と北洋物語の関わりは乏しかった。そもそも北方領土という表現自体が一九五〇年代には一般的でなかった。先にも述べたとおり、領土問題と北洋物語に接点が生じた契機は一九六〇年代の安全操業問題だった。／北方領土（とくに歯舞群島）周辺の安全操業問題を論じた言説において、紛争の遠因は領土問題の未解決に求められていた。「漁民はソ連による拿捕《だほ》におびえながらも、生活のために命をかけて零細漁業を続けている。問題の根本的な解決、すなわち漁民の安全確保のためには領土問題の解決が必要である」というのが論調の代表的な例である。見て明らかなように、こうした語りは北洋物語そのままである。従来の権利が不当にも侵害されるが、それを回復する努力が続けられ、未来における解決の方向性が明示されている。しかも物語の語り手はわれわれ日本人で、敵対者はソ連人である。まさに北洋物語の典型である〉。

しかし、北洋物語の脱構築はそう簡単ではない。神長氏も強調しているように、〈歴史物語とはいわば神の視点から現実世界を語ったものであり、そうした神の視点のような仮想的な存在を置くことで人々は公共的な空間を想像し、実際に操作しているのである。逆にいえば、物語なしでそうした「共同体」を作ることは不可能だろう。歴史物語とはそのようにして作られた公共的な世界知である。私たちの個々の生はそうした世界知を生活知として利用しているのである〉というのが実情だ。北方領土問題を解決するためには、北洋物語とは別の物語をロシア人が描いていることを認識する必要がある。自らの物語を相手に強要するのではなく、実証的に史実を確定し、日露間の過去の条約を踏まえて、最終的な決断は両国の首脳に委ねることになろう。日本が歴史的正当性をいくら強調してもロシアのプーチン政権は耳を傾けない。

――「毎日新聞」2015年2月22日

# 対象に迫る——優れた人物ノンフィクションを読む

スペインの哲学者オルテガは「私は私と私の環境である」という名言を残しましたが、歴史における個性は無視することができません。歴史の陰には、必ず個人の決断や行動がある。その人物がいなければ、あるいは決断が違っていたら、歴史は変わっていたかもしれない。プーチン、ゴルバチョフ、エンゲルス……そうした重要人物に光を当てることによって見えてくるものがあります。

例えば本章の『プーチンの世界』『ゴルバチョフ』『キム・フィルビー』を同時に読み進めると、東西冷戦時代の雰囲気が手に取るように伝わってくるでしょう。

人物ノンフィクションの強みはエピソード重視である点です。エピソードの積み重ねにエビデンスが伴うと、より強固な力のある人物ノンフィクションになります。

事実は小説より奇なり。実在する人間ほど、面白いものはないと私は考えています。

# プーチンの世界
## 「皇帝」になった工作員

フィオナ・ヒル［著］ クリフォード・G・ガディ［著］
濱野大道［訳］ 千葉敏生［訳］ 畔蒜泰助［監修］ 新潮社

ソ連時代は、KGB（国家保安委員会）で対外インテリジェンスを担当する中堅職員（退役時の階級は中佐）だったプーチン。1996年にモスクワで大統領府に勤務するようになってから急速に出世の階段を上り、ロシア初代大統領のエリツィンにより後継者に指名された後、磐石な権力基盤を構築し、専制君主のような地位を得た。その過程を詳細に調べ、わかりやすく記述している。もっともプーチンの履歴については公開されていない部分が多い。ヒルとガディは、プーチンについて、「国家主義者」「歴史家」「サバイバリスト」「アウトサイダー」「自由経済主義者」「ケース・オフィサー（工作員）」という、6つのペルソナ（個性）があるとの作業仮説に基づいて調査し、分析している。その結果、「プーチンの謎」をかなり解明することに成功している。これからは、この本がプーチンのロシアについて最良の教科書になる。

人は誰も自分の経験に縛られる。プーチンの場合、ゴルバチョフ・ソ連共産党書記長が開始したペレストロイカ（改革）による解放感を経験していないことが重要だ。この点について、プーチンの前妻リュドミラの証言が興味深い。ゴルバチョフが書記長になった1985年にプーチンは東ドイツのドレスデンに赴任した。〈ドレスデン駐在終盤の体験に幻滅したまま、プーチンは一九九〇年初めにソ連に帰国した。（中略）プーチンが街を離れていたあいだ、レニングラードでは色々なことが起きていた。その期間にプーチンは東ドイツで多くのことを学んだが、彼の知らないところで、ソ連に残った人々はいくつもの人生の教訓を吸収していた。（中略）彼女（リュドミラ）はインタビューのなかでこう語った。「ペレストロイカをはじめ一九八六年から八八年までのすべての出来事を、ドイツにいた私たちはテレビでしか見ていません。ですから、当時のソ連の人々の熱狂ぶりや高揚感については、人の話を通してしか知らないのです」／一九八〇年代末のソ連は、知的・文化的な破壊と創造の時代であり、政治的な激変の時代だった。帰国したプーチン夫妻が目の当たりにしたのは、断末魔の苦しみに喘ぐソ連であり、変革の高揚感など見る影もなかった〉。プーチンが多くのロシア人と一九八〇年代後半の知的、社会的空気を共有していない。そのことが、プーチンの世界観に無視できない影響を与えている。

プーチンの行動様式は、外交においてもケース・オフィサーそのものだ。1対1で個人的人間関係を構築する技法にプーチンは長けている。しかし、それは相手を対等の友人として尊重しているからではない。ロシアの国益にとって操作可能にするためだ。その観点からすれば、私的利益を追求する腐敗政治家は、プーチンにとって利用価値の高い工作対象になる。前ウクライナ大統領のヤヌコーヴィチがその例だ。〈プーチンから見れば、ヤヌコーヴィチ大統領のあからさまな守銭奴ぶりは、大いに利用できる弱点であり、ロシア側に多大な影響力を与えるものだった。ヤヌコーヴィチは、一九七〇年代や八〇年代、プーチンやKGBの同僚たちがレニングラードやドレスデンでターゲットにした外国人そのものだった。その強欲さと罪が、国内外で名声を失うリスクを高め、買収されやすい状況へと彼を追い込むのだ。プーチンはまさにそこを突いた——ヤヌコーヴィチの側近たちに利害のある不透明なエネルギー取引を結び、ヤヌコーヴィチやその家族と密接な関連のある産業に高利益な発注を出すようロシア企業に促した〉。もっともヤヌコーヴィチが強欲すぎたため、国民の反発を買い、ロシアへ逃亡してしまった。その結果、ウクライナへの影響力を保全するためにプーチンはクリミア併合、ウクライナ東部のドネツク州、ルガンスク州をロシア系武装勢力の支配下に置くという冒険をせざるを得なくなった。その代償は大きく、ロシアと米国、EU（欧州連合）との関係は著しく悪化する。ケース・オフィサーの感覚で、外交を展開しても、成功するとは限らないのである。本書を通読してもプーチンの私生活がほとんどわからない。プーチンがプライバシーを厳重に秘匿しているという要素もある。しかし、それよりもプーチンにとって仕事がすべてで私生活の要素がほとんどないというのが実態と思う。評者が外交官時代に付き合ったSVR（ロシア対外諜報庁）やモサド（イスラエル諜報特務局）にも仕事がすべてという人がいた。プーチンにもあの世界のライフスタイルが染みついている。

――「波」2017年1月号

## ゴルバチョフ
## その人生と時代　上・下

ウィリアム・トーブマン［著］　松島芳彦［訳］　白水社

内政、外交の両面におけるペレストロイカ（改革）路線を推進したことで東西冷戦を終結させたが、ソ連崩壊を阻止できなかったソ連最後の最高指導者（大統領兼共産党書記長）をつとめたミハイル・ゴルバチョフ（１９３１年生まれ）に関する優れた評伝だ。訳者の松島芳彦元共同通信モスクワ支局長は、英語とロシア語に堪能で、ロシア事情にも通じている。訳文も正確で読みやすい。

ゴルバチョフが類《たぐ》い稀《まれ》な理想主義者であったことは、ＩＮＦ（中距離核戦力）全廃条約を米ソ間で締結したことで端的に示されている。１９８７年12月７日から10日までゴルバチョフは米国を訪問した。ゴルバチョフとレーガン米大統領によるＩＮＦ全廃条約の調印式は、ワシントンで８日の午後１時45分から行われたが、この時刻はレーガン夫人のナンシーが頼りにする占星術師の指示で決まった。

〈帰国の機中は「お祭り気分」だった。だが全員が喜んでいたわけではない。軍人の多くや、党にあって軍と関係が深い高級幹部は、裏切られたと感じていた。軍需産業担当の中央委員オレーク・バクラーノフはゴルバチョフに、ＩＮＦ全廃条約は米ソの戦略的均衡を「致命的に損なう」と警告した。将軍たちは新しい査察の仕組みが、厳重に守られてきた軍事機密を暴き出すのではないかと恐れた。だがゴルバチョフの見るところ、彼らが危惧しているのは、衝撃的な新兵器の発覚ではなく、ソヴィエト軍の「みすぼらしい現場や、内部規律の乱れ」が露呈する事態だった。／軍部周辺の懐疑論も念頭に置きつつ、ゴルバチョフは政治局への報告に臨んだ。ワシントンにおける首脳会談は「ジュネーヴ会談やレイキャヴィク会談とは異なり」、その成功は、「我々の針路」に沿って事態が前進していることを示す「決定的な証拠」である、と述べた。ＩＮＦをめぐる交渉は「我々にも我々のパートナーにも試練」であった。この試練を乗り越えれば、核兵器のさらなる削減、化学兵器や通常兵器の削減へ道が開ける。アメリカは首脳会談に「非常に高い関心」を寄せ、「独善的な」ワシントンにおいてさえ、「善意」と「熱意」が生まれ、ソヴィエトを「敵視」する政策や、ソヴィエトの軍事的脅威という「神話を崩壊させつつある」。彼はこのように総括した〉。

ゴルバチョフ、レーガンの両大統領は、核兵器、化学兵器、通常兵器の削減を真剣に考えていたのだ。今月2日にINF全廃条約が失効し、米国とロシアは新たな核軍拡に走ろうとしている。その流れに中国も加わるであろう。人類が核戦争で絶滅する事態を避けるためにもゴルバチョフの理想主義を再評価する必要がある。

1991年8月にソ連共産党守旧派によるクーデターが起きた。当時、評者はモスクワの日本大使館に勤務していた。クリミアで幽閉されていたゴルバチョフは、モスクワに帰還したが、すぐには民衆の前に姿を現さなかったことを不思議に思った。その謎も本書を読んで解けた。〈なぜ彼はホワイト・ハウスの群衆のもとに直行しなかったのだろうか？ライーサの衰弱は確かに激しかった。グラチョフは、「彼女の目を見れば分かったはずだ。致命傷を負った人間の目だった」と言う。ゴルバチョフは妻を自宅に連れ帰ることを優先したのだった〉。軟禁中のショックで心身に変調を来した妻に対する配慮を政治よりも優先したのだ。

危機に直面した政治家としては適性に欠けるが、人間としてはとても魅力的だ。

――「毎日新聞」2019年8月11日

# エンゲルス
## マルクスに将軍と呼ばれた男

トリストラム・ハント〔著〕 東郷えりか〔訳〕 筑摩書房

カール・マルクス（1818〜83年）の盟友であったフリードリヒ・エンゲルス（1820〜95年）の思想は、常に過小評価されてきた。もっとも日本では、マルクス主義哲学者の廣松渉《ひろまつわたる》（1933〜94年）が、1968年に上梓《じょうし》した『エンゲルス論　その思想形成過程』（盛田書店）で、共産主義理解については、マルクスよりもエンゲルスの方が先行していたという解釈を提示し、大きな衝撃を与えた。トリストラム・ハント（74年生まれ）は、英国の歴史学者で2010年からは下院議員（労働党）をつとめる政治家でもある。ハントは、文献資料を丹念にあたり、先入観にとらわれずにエンゲルスの実像を解明しようとする。共産主義については、マルクスよりもエンゲルスの方が先行していたという廣松渉の見方は、ハントの研究によっても裏付けられる。もっともハントは、マルクスもエンゲルスも、当初は共産主義に懐疑的で、かなり遅れて共産主義的世界観を持つようになったと見ている。

エンゲルス自身は、父親の家業を継いだ資本家だった。その利潤で、マルクス一家の生活を支え、共産主義運動を展開していたのである。エンゲルスの家族は、禁欲と勤勉を重視するプロテスタンティズムのカルバン派に属していた。エンゲルスは、主観的にはかなり早く無神論者になったが、生涯、カルバン派的な勤勉さと、自己の能力を他者のために使うという倫理観から抜け出すことができなかった。

マルクスは、確かに天才的な能力を持つ思想家で経済学者であったが、生活能力はほとんどなかった。しかも、ブルジョア的な生活水準を変化させることができず、収入をはるかに超える浪費を続けた。しかも、マルクスは、天才である自分は資金的にエンゲルスに支援されて当然であると認識していたことが、本書の行間から浮かび上がってくる。さらにエンゲルスは、マルクスの婚外子を自分の息子と認知し、生活を支援する。どんなことであってもマルクスを支援しなくてはならないという超越的な使命感がなければ、このような決断はできない。

興味深いのは、晩年のエンゲルスの革命観だ。1893年にエンゲルスはヨーロッパ大陸の各国を視察する。

〈この大陸ヨーロッパの旅では、大勢の群衆に迎えられ、新聞で華々しく報道され、活動家たちはやる気にあふれていた。エンゲルスがこのとき確信したのは、普通選挙による戦略が正しかったことだった。労働者の投票は後戻りできない勢いで力を増しており、社会主義者が選挙で成功を勝ち取るか、ついにブルジョワ国家との必要な対決を実行するまで、ますます大きな一連の政治的要求を突きつけることが可能になっていた。彼らがやらなければならないのは、度胸をもち、不要な挑発を避け、道からはずれないことだった〉。

マルクスは、ブルジョア議会を通じて、革命を実現することは不可能であると確信していた。この伝統は、レーニン、スターリンに引き継がれる。これとはまったく別の権力奪取の方法をエンゲルスは考えていたのである。「度胸をもち、不要な挑発を避け、道からはずれない」平和革命という路線は、日本ならば旧社会党左派の社会主義協会の人々が取った路線だ。エンゲルス主義に基づく平和革命がなぜ実現しなかったかについて、よく考えてみる必要がある。

——「毎日新聞」2016年5月29日

## キム・フィルビー
### かくも親密な裏切り

ベン・マッキンタイアー［著］　小林朋則［訳］　中央公論新社

東西冷戦期、西側にもっとも大きな打撃を与えたソ連のスパイは、ＳＩＳ（英国秘密情報部、いわゆるＭＩ６）で、対ソ諜報《ちょうほう》の責任者だったキム・フィルビーだ。英紙『タイムズ』のコラムニストであるベン・マッキンタイアーは、詳細なインタビュー取材と文献調査に基づいて、長期間にわたって、祖国、友人、家族を裏切ることができる人間を総合的にとらえようとする。

父親に対する反発、共産主義へのイデオロギー的共感などは、それなりに重要な要因であるが、決定的だったのは、フィルビーをスパイにリクルートしたソ連工作員オットーの人間力だ。オットーの本名は、アルノルト・ドイッチュで、この男が後に世界を震撼《しんかん》させることになるソ連のスパイ網をケンブリッジ大学に作る。〈「私の未来は夢に満ちあふれているように見えた」とフィルビーは書いている。その未来の具体像を、ドイッチュが設計した。まず、フィルビーとリッツィ（評者註＊フィルビーの最初の妻）は共産主義者との付き合いをすべてやめなくてはならない。共産党に入るなどもってのほかで、むしろフィルビーは新たな政治的イメージとして、自分は右派だと周囲に思わせ、さらにはナチの同調者だと信じ込ませたほうがいい。とにかく表面上は、自分が猛烈に反対している、まさにその階級の典型的な一員にならなくてはならない。「経歴、教育、外見、物腰、いずれを取ってみても、あなたは知識人であり、ブルジョワです。前途も有望です。ブルジョワとして有望なのです」と、ドイッチュは告げた。「反ファシスト運動には、ブルジョワジーに入り込める人物が必要なのです」。支配階級の中に隠れることで、フィルビーは革命を「現実的かつ明白な形」で支援できる。ドイッチュはフィルビーに、スパイ術の基本も指導した。会合を手配する方法に始まり、メッセージを残すべき場所、電話が盗聴されているかを見破る方法、尾行の見分け方とまき方など、その内容は多岐にわたった。新型のミノックス超小型カメラをフィルビーに与え、文書をコピーする方法も教えた。フィルビーは、ドイッチュの教えを「まるで詩」を暗記するかのように習得していった。かくして彼の二重生活が始まった〉。フィルビーに対しては、ソ連のスパイでないかとの疑惑が英国の保安機関から何度もかけられたが、それを切り抜けることができたのは、上流階級に属する紳士としての立ち居振る舞いが本物だったからだ。スパイにとって、見た目が重要だという教訓だ。

これまでに刊行されたフィルビーに関するノンフィクション、同人をモデルにしたスパイ小説と比べ、本書で興味深いのは、1963年1月23日にレバノンの首都ベイルートからフィルビーがソ連の貨物船に乗り込んで、亡命したのは、英国がそう仕組んだからであるという推理を展開しているところだ。〈フィルビーのモスクワ逃亡については、一八〇度異なる二つの解釈がある。一つ目の解釈では、フィルビーはスパイの達人で、エリオット（評者註＊MI6のフィルビーの友人）はバカである。二つ目はその逆で、フィルビーがバカで、エリオットが達人だ。一つ目のシナリオでは、フィルビーが決断を下し、イギリス情報機関の目がそれるのを待って逃げ出したことになる。亡命が容易だったのは、フィルビーいわく、イギリス側のへま、つまり「失敗、純然たる愚かさ」のせいである。ただし、この説明が成り立つためには、MI6は無能で考えが甘かっただけでなく、どうしようもないほど間抜けだったとも考えなくてはならない。第二の、もっと現実味のある解釈では、次のようになる。エリオットは自白を引き出すことに成功し、これによってフィルビーはMI6の統制下に入った。エリオットは、フィルビーが今後も自由の身でいられるかどうかは、これからも協力し続けるかどうかにかかっていると明言した。その後、おそらくはディック・ホワイトの黙認を得てのことだろう、その場を離れ、ランがスキーへ出かけるという噂《うわさ》を広め、そしてフィルビーに、今がチャンスで、モスクワへの道は大きく開けていると信じさせたのである。／最後に勝ったのはフィルビーではなくエリオットだと考えた者の一人に、当のキム・フィルビー本人もいた。彼はベイルートを離れるとき、自分から飛び出したのだと考えていた。しかし後になってフィルビーは、自分は後ろから押し出されたのだと信じるようになっていった〉。

スパイ事件では、「ほんとのような嘘《うそ》」と「嘘のようなほんと」が混ざり合う。様々な神話が生まれ、真相がわかりにくくなる。「結局、誰がいちばん得をしたか」という観点から、フィルビーのソ連亡命について考察してみると、確かに彼をソ連に追い出すことで、捜査や裁判で余計な真実が明らかになり、混乱が拡大する危険を英国は防ぐことができた。ソ連亡命後のフィルビーをKGB（ソ連国家保安委員会）は、宣伝の道具として用いたに過ぎない。「厄介者を押し付けられた」というのがソ連の本音だったのだろう。

――「毎日新聞」2015年5月24日

# 汝の名はスパイ、裏切り者、あるいは詐欺師
## インテリジェンス畸人伝

手嶋龍一　マガジンハウス

インテリジェンスの内部事情に深く通暁した外交ジャーナリストの手嶋龍一氏にしか書けない作品だ。『寒い国から帰ってきたスパイ』『ティンカー、テイラー、ソルジャー、スパイ』『パナマの仕立屋』などのスパイ小説を書いたジョン・ル・カレ（本名デービッド・コーンウェル）の父親ロナルド・コーンウェルが一流の詐欺師であったことをさまざまなエピソードとともに紹介する。そのような詐欺師の息子を英国秘密情報部（SIS。いわゆるMI6）がなぜ採用したかについて手嶋氏はこう読み解く。

〈インテリジェンス・ワールドでは、偽りと欺きと裏切りを日常として生きなければならない。そうした宿命を背負う者が、詐欺師の父親のもとで育っていれば、桁外れの人間的魅力にさらに磨きがかかり、そのうえ忍耐強さも備わっているはずだ。そんなスパイはエージェントの心を鷲掴《わしづか》みにし、思いもかけぬ戦果をあげるかもしれない。／それゆえ、

リクルーターは、詐欺師の息子も悪くないと考えたのだろう。同時に冷徹な情報官僚としての直観で、ル・カレは父親から受け継いだ無頼の血を巧みに隠し、正気という仮面を被《かぶ》る術を身につけていると見抜いたのだった。そうやって現実の社会と折り合いをつける資質は一級のスパイとなるにふさわしいと判断したのだった〉。

評者も外交官時代に、イスラエルやロシアの優れたインテリジェンス・オフィサーを見てきた。その中には、いわゆるスパイ活動、すなわち非合法な情報収集活動や工作活動で大きな成果をあげた人もいた。こういう人たちは、いずれも人を惹《ひ》きつける話術を身につけていた。詐欺師になっても間違いなく成功するような人たちだった。外から見ると似たような技法を用いるインテリジェンス・オフィサーと詐欺師だが、両者の国家観は著しく異なる。詐欺師にとって重要なのは自分の利益で、国家に価値をおかない。これに対して、インテリジェンス・オフィサーは、国益を強調する政治家や外交官を覚めた目で眺めているが、心の底には静かな愛国心がある。これは正義感とは異なる。仮に自分の所属する国家が間違っている場合でも、その国家に対して忠実な生き方を選択するというのがインテリジェンス・オフィサーの掟《おきて》なのである。この掟がわからない純粋な正義感を持つ人間がインテリジェンス活動に従事すると事故が起きる。その例が元ＣＩＡ（米中央情報局）職員のエドワード・スノーデンによるＮＳＡ（米国家安全保障局）が秘密裏に傍受した通信情報の漏洩《ろうえい》事件だ。〈エドワード・スノーデンは国家が個人の暮らしの領域へ介入してくることを何より嫌うサイバー・リバタリアンである。そのスノーデンが、国家の権威をどの国より重んじ、時に強権をもって個人の生活に介入するロシアのプーチン政権の懐に逃げ込んだことは、何という皮肉だろうか〉と手嶋氏は指摘する。

インテリジェンスの主体はあくまでも国家だ。スノーデンは国家の軛《くびき》を逃れ、自由人になることができると考えたのであろうが、米国という国家を裏切った者は、他の国家によって庇護《ひご》される以外に生き残る道はないのである。元KGB（ソ連国家保安委員会）の将校だったプーチン大統領は、一度、インテリジェンス機関で勤務した者は生涯、国家のために仕えるという掟に従わなくてはならないと考えている。ロシアのインテリジェンス機関は、スノーデンを利用するが決して信頼しない。

――「毎日新聞」２０１６年12月25日

## 狼の義　新　犬養木堂伝

林新・堀川惠子　KADOKAWA

犬養毅（号・木堂《ぼくどう》、1855〜1932年）に関する優れた評伝だ。

本書は、夫婦による共作であるが、二〇一七年に逝去された林新氏（NHKプロデューサー）が二〇年をかけて資料を集め、構想を固め、着手した作品を、妻の堀川惠子氏が完成させた。マルクスの遺稿をエンゲルスが整理して『資本論』第二巻、第三巻を完成させたことを彷彿《ほうふつ》させる。マルクスとエンゲルスは、基本的世界観を共有していた。林新氏と堀川惠子氏も、基本的価値観と人生観を共有していたことが行間から伝わってくる。天国に旅立った林新氏は、堀川惠子氏の心の中だけでなく、この作品によって永遠に生きるのだ。その意味で、この作品の隠れた大きなテーマは愛だ。

木堂は、この国をほんとうに愛していた。そして、国家は一部の官僚や軍人によってではなく、民衆を基盤として運営されなくてはならないと考えていた。その想いが、大日本帝国憲法をめぐる木堂と福沢諭吉のやりとりによく表れている。

〈犬養は給仕に珈琲《コーヒー》を注文すると、かしこまって本題を切り出した。

「先生は、できあがった憲法をどう御覧になりましたか」

「どう、とは」

「先生はずっと、天皇が選挙で多数を得た党の代議士の中から総理大臣を選び、総理の推薦によって閣僚を任命するというイギリス型の政党内閣を構想してらっしゃいました。今日、改めて憲法条文を読みましたが、やはり天皇大権があちこちに出ています」

福沢は言いたいことを呑み込むようにして短く答えた。

「うん、まあな。だが、あとは運用だろう」

「運用?」

「そうだ。確かに憲法は国の大典だが、その条文だけで具体的な現実にはとても対応できん。むしろ書かれていないことの方が多い。そこは、これから始まる政治の実践の中で補っていかねばならん。憲法を使う人間の理解と運用次第で、どうにでも変わるさ」

「この憲法でも、政党政治は可能だと思われますか」

「もちろんだ。結局は、これからできる議会の中で多数をどう占めるかがカギになる。憲法に書かれていないことは、政府の側は官制を敷いてくる。政党の側もどしどし提案をしていかねばならん。政党の役割は大きいぞ」

「しかし、憲法の条文を読むと、それは天皇や政府がひっくり返そうと思えば直ちにできてしまいます」

「ひっくり返されないようにすりゃあいいのさ。それが運用ということだ。それこそ、君らのやるべき政治だろう」

返事に窮した犬養は目を伏せて熱い珈琲を啜《すす》るように含んだ〉。

行政権に運用の余地を広範に認めたことが、一九二〇年代末以降の軍部の擡頭《たいとう》と、一九三二年の五・一五事件につながるのだ。この事件で犬養毅は殺害され、日本の政党政治は崩壊過程に入る。

一九三六年の二・二六事件が陸軍青年将校によるクーデター事件であったのに対し、五・一五事件は、大川周《おおかわしゅう》明《めい》らの国家主義思想に共鳴した海軍中尉の三上卓《みかみたく》らによってなされた。また、その後、「暗殺はよくないが、動機は正しい」との民意に押されて、ほとんどの新聞が大川周明、三上卓らの減刑を訴えるキャンペーンを展開する。

木堂は、信頼していた民衆に裏切られたのである。

民主主義を強化するためには、非暴力の重要性についての教育を、子どもの頃から徹底的に行うことが重要なのだと思う。

犬養が暗殺されたときの状況について、著者は丹念な調査で、これまでの通説に重要な修正を加えた。この箇所(443~447頁)には、推理小説の謎解きのような面白さがある。読書の楽しみを奪うことになる種明かしはこの書評ではしない。是非、本書を通読してほしい。

——「本の旅人」2019年5月号

# サリン事件死刑囚
## 中川智正との対話

アンソニー・トゥー　KADOKAWA

7月6日にオウム真理教事件関係の麻原彰晃こと松本智津夫死刑囚ら7人、同26日に6人の死刑執行がなされた。これでオウム真理教事件で死刑が確定した13人の刑の執行はすべて終了した。しかし、なぜ人間の救済を教義に掲げる宗教団体が大量破壊兵器を用いた殺人に手を染めたかについての解明が十分になされたとは言えない。そのような状況で、本書が上梓された意義は大きい。

アンソニー・トゥー博士（米国コロラド州立大学名誉教授）は、ヘビ毒の世界的権威で生物・化学兵器に関して詳しい。日本の警察に協力してオウム真理教によるサリン事件解明のきっかけを作った人物だ。トゥー氏は、坂本堤弁護士一家殺人事件、松本サリン事件、地下鉄サリン事件、東京都庁小包爆弾事件などに関与し、死刑が確定した中川智正氏と2011年から15回面会した。面会の目的は、オウム真理教による生物・化学兵器製造過程を調査することだ。面会と文通によって2人の間には人間的信頼関係が構築された。その結果、生まれた作品が『サリン事件死刑囚　中川智正との対話』だ。本書の公刊は死刑執行後にしてほしいと中川氏は要請した。トゥー氏はそれを受け入れ、6日に中川氏が麻原死刑囚ら6人とともに絞首された後、刊行された。

トゥー氏は、中川氏を人間として尊重していた。そのことが以下のエピソードから読み取れる。〈私は毎日新聞の警視庁付の記者からこんな話を聞いた。警察も中川氏がオウムに関する知識が豊富でかつ協力的であることを知り、彼を呼んで警察の人達に講義してもらいたいと思っているという。確かに中川氏の講義を受ければ、警察にはたいへん有益だろう。しかし、道義的によくないと私は思った。利用するだけ利用しておいて、後で殺してしまうのは道義に反するのではないかと思ったのである〉。中川氏から最大限に有益な情報を搾取するという功利主義的な態度にトゥー氏は静かに異議を申し立てている。

トゥー氏は、優れた人間観察力を持っている。それだから中川氏の麻原死刑囚やオウム真理教に対する評価が錯綜《さくそう》していることを見抜いた。〈裁判の記録では中川氏は当初は麻原を尊敬して尊師と呼んでいたが、そのうちに麻原は「狂っている人」と批判したこともあった。中川氏の心の中で麻原に対する「畏敬《いけい》」の念と「憎悪」の念という相反する気持ちが共存しているのだと思う。時間の経過とともに「憎悪」が強くなるが、時々「畏敬」の念が突然出てくるのではないかと思う。／同じことが「オウム教団」についても言えるのではないかと思う。まだ逃走犯が逮捕されていないとき、私は中川氏に聞いた。「この3人はオウムの秘密を守るため、オウムによって殺害されてしまったと言う人もいますが」。すると彼は即座に反論した。／「オウムは忠実な信徒を殺すようなことはしませんよ。この3人に秘密なんてありません。秘密を知っている人は皆この拘置所の中にいますよ」／これではまるでオウムは悪くないと思っているような言い方でもある〉。

麻原死刑囚には、他者の魂をつかむ類い稀な能力があった。オウム真理教には難関大学出身の若者が多かったが、偏差値で測られる教科書の内容を記憶して再現する能力では、人生の意味を問う人に対して答えを与えることはできない。人間は誰もが不安や闇を抱えている。中川氏は、教祖に帰依することによって人生の根源的問題を一挙に解決できると思ったのであろう。絶対に正しい教えがあると信じ込まされてしまった中川氏は被害者である。その被害者が、殺人に手を染める加害者となってしまうところにオウム真理教事件の構造的問題がある。

中川氏は、去年2月、マレーシアの首都クアラルンプールで起きたVXガスによる金正男暗殺事件の際にも、真相究明に努力し、獄中から論文を発表した。その動機について、今年7月2日にトゥー氏に宛てたメッセージでこう記している。〈私が論文を書いたり、研究者に協力しているのは、私がやったようなことを他の人にやって欲しくないからです。被害者を出したくないのもそうですが、加害者も出て欲しくないと思っています。裁判ではこのようなことを十分には話せませんでした。マレーシアの事件を分析するには、医学知識はともかく、私の化学知識は不足していたので、ずい分勉強しました。死にたくないというのが理由ならば、あんなに勉強しません。北朝鮮の政府内には、オウム真理教の起こした事件を研究していた部署があるそうです。ＶＸ塩酸塩のことは教団のやったことを研究しないと思いつかないと思います。いきがかり上、どうしても書きたいと思いました〉。

被害者がしばらくすると加害者になってしまうというカルトの危険について、学校教育の場で教えなくてはならない。宗教でも思想でも心の闇の問題を一挙に解決できるというような言説はすべて偽物だ。日本人の宗教リテラシーを向上させなくてはならないと痛感した。

――「毎日新聞」２０１８年８月19日

# 今、この社会で何が起きているか

情報の速さや即時性という意味では、「今、社会で何が起きているか」を知るのにネットは欠かせない情報源です。一方で、ある一定の時間をかけて作りあげた書籍から得られる知見には、ネット情報では補完することのできない大きな視点があります。

ここで挙げる書き手は全員、現場をよく知る、もしくは実務に携わってきた人たちです。新聞記者の乾正人さん、宮地ゆうさん、教育現場を見てきた和田秀樹さん、貧困問題をライフワークとする湯浅誠さん、コールセンターに従事する榎本まみさん、生活者目線が徹底しているエビデンス主義の荻原博子さん。この人たちが書くものには卓越したリアリズムがあります。同時に、リアリズムが生む熱さに流されることのない冷静な分析力と、社会の行く末を見据える優しい視点を兼ね備えています。

私が考える頭のいい人というのは、こうした熱さとクールさのバランスが取れた人を指します。冨山和彦さんや池上彰さんは抜群に頭がいい。ここには出てきませんが、竹中平蔵さんもそうです。

中でも特筆すべきは『テロリズムとは何か』でしょう。著者の小林良樹さんは元警察キャリア官僚で、権力の暴走をどう避けるかを真剣に考えています。権力を行使できる立場にありながら、民主的統制にウェイトを置く。エリートかくあるべし、を体現する人物です。

# コロナショック・サバイバル 日本経済復興計画

冨山和彦［著］　文藝春秋

本書の行間から冨山和彦氏が明晰《めいせき》な頭脳と優しい心を併せ持つ人であることが伝わってくる。

冨山氏は、新型コロナウイルスがもたらす経済危機は3段階で到来すると予測する。第一波がローカルクライシスだ。〈出入国制限はもちろん、外出制限までもがほとんどの国や地域でかかるなか、まず打撃を受けているのは、観光、宿泊、飲食、エンターテインメント、（日配品、生活必需品以外の）小売、住宅関連などのローカルなサービス産業である。（中略）こうしたL（※評者注・ローカル）型産業群は今やわが国のGDPの約7割を占める基幹産業群である。しかもその多くが中堅、中小企業によって担われており、非正規社員やフリーターの多い産業でもある〉。

それに続いて第二波のグローバルクライシスが到来する。自動車、電機などのグローバル大企業のサプライチェーン（供給網）が崩れるのみならず、住宅、衣料などでも世界的規模で買い控えが起きる。その結果、グローバルな展開をする大企業のみならず、下請けの中小企業も大きな打撃を受け得る。第二波の到来までは不可避と冨山氏は考えているようだ。ここまでで危機を食い止めておかないと第三波のファイナンシャルクライシス（金融危機）が起きる。金融危機が起きると、〈経済システムの血液であるマネーを循環させる「心臓」までもがひどく傷んでしまい、これがさらに実体経済を痛めつける負の連鎖に入ってしまう〉。緊急危機を防ぐためにあらゆる手を打つことが政府に求められている。

冨山氏は、〈国でも企業でも、こういう時は本気で守るべきものを明確にして優先順位をつけるべきである。今回の危機の大きさと特性を考えた時、私は守るべきものは二つ、「財産もなく収入もない人々の生活と人生」と「システムとしての経済」である〉と指摘し、中小企業への緊急融資だけでなく、給付金の支給に政府が踏み切ったのも正しいと評価する。評者も同意見だ。

危機に直面して、経営者も変化しなくてはならない。〈古来より戦時は独裁である。意思決定に関与させるべきは、少数の真のプロフェッショナル、修羅場のリアリズムを経験し、必要な専門的知見を持って、限られた情報で最良の判断を下しうるプロだけである。経営で言えば、財務、事業、会計、法務、労務に関するリアルな修羅場経験とスキルである。海外企業のベストプラクティス紹介ばかりやって来た「ではの守《かみ》」系や、美しくデジタルトランスフォーメーション時代のビジョンなどを語って来た「きれいごと」系コンサルタントなど全く役にも立たない。何かを聞かれて「これから調べてみます」「良く分からないので分析してから報告します」と答える人間も役に立たない。調査分析をやっている間に会社が消滅してしまう〉。

新型コロナウイルス対策の過程で、各国では、立法権、司法権に対して行政権が優位を占めるようになっている。また、行政府においても権力の集中が進み、米国のトランプ大統領、ロシアのプーチン大統領、中国の習近平国家主席、イスラエルのネタニヤフ首相などは独裁的傾向を強めている。日本でも、首相官邸への権力の集中が一層加速している。これと同じ傾向が企業経営にも現れることになるだろう。政治、経済の両面において民主主義が弱体化する危険がある。

――「毎日新聞」2020年6月6日

# 官邸コロナ敗戦
## 親中政治家が国を滅ぼす

乾正人　ビジネス社

本書は産経新聞の乾正人氏（論説委員長）による政治評論だ。乾氏は、〈本稿は、あくまでも私的なものであり、産経新聞社論説委員室の考え方を代表するものではない〉と記している。新聞記者が本を出すとき、この種のただし書きを必ずつけるが、実際には組織の立場から大きく離れたことは書かない。しかし、本書で乾氏は、歯に衣を着せずに安倍晋三首相や今井尚哉首相補佐官等を批判する。

乾氏は本書執筆の動機についてこう記す。〈谷内正太郎氏（評者註＊前国家安全保障局長）へのロングインタビューを一冊の本「外交の戦略と志」（産経新聞出版）にまとめた高橋昌之記者が、令和元年十月に自裁してしまったのである。心の病を患っていたのは確かだが、真の理由はわからない。（中略）彼の熱心な仕事ぶりを同僚として三十年近く見てきた私は、なぜもう一歩、彼の人生に踏み込んで、この世に押しとどめてやることができなかったのか、という後悔の念をいまでも抱いている。以来、生きているうちにやれることは、やっておこうと考えるようになった〉。

戦いの途中で斃《たお》れた戦友の魂を弔うためにはリスクを取って自分が思うことを正直に書くべきだと乾氏は腹をくくったのであろう。ちなみに高橋記者は北方領土問題にも強い関心を持ち、評者も何度も取材を受けた。産経魂を体現した優秀な記者だった。早すぎる死が惜しまれる。

乾氏は新型コロナウイルス（乾氏の表記では武漢コロナウイルス）に対する首相官邸の対応が遅れた背景に外交戦略の変化があると考える。〈なぜ習近平が令和二人目の国賓に決まったのか。安倍晋三首相自身が、第一次政権から基軸にしていた「価値観外交」を捨て、米国・トランプ政権との盟友関係を基軸に置きながらも民主主義や自由の尊重といった価値観を異にする中国やロシアにも秋波を送る「バランス外交」に大きく舵《かじ》を切ったからだ〉。

この認識は正しいと思う。もっとも評者は、わが国力を客観的に見た場合、安倍首相、今井補佐官、北村滋国家安全保障局長らが行った米国、中国、ロシアとの勢力均衡を基本とする「バランス外交」への政策転換が現実的選択だと考えている。

――「産経新聞」2020年6月14日

# テロリズムとは何か
## 〈恐怖〉を読み解くリテラシー

小林良樹［著］　慶應義塾大学出版会

テロリズムという難しい問題について、国際基準の議論をわかりやすく表現した優れた作品だ。小林良樹氏（明治大学公共政策大学院特任教授）は、米国の研究者デイビッド・ラパポート氏が19世紀以降のテロリズムに「4つの波」があると指摘したことにヒントを得て日本のテロ情勢分析について考察する。「4つの波」とは具体的に「無政府主義者の波」（1880年代～1920年代）「反植民地主義の波」（1920年代～60年代）「新左翼の波」（1960年代～90年代）「宗教の波」（1980年代～現在）を指す。〈日本におけるテロ情勢は、「4つの波」が示す世界的な趨勢《すうせい》に一定程度合致しています。特に「新左翼の波」の時代は最も合致しています。／同時に、「4つの波」と日本の情勢が必ずしも合致しない部分もあります。こうした部分からは、「世界の趨勢の中で日本に特有な点は何なのか」という点が浮き彫りにされます。／このように、ラパポートの「4つの波」の枠組みは、日本のテロ情勢を理解する上でも、一定の有用性があると考えられます〉というのが小林氏の評価だ。説得力がある。小林氏はラパポート氏の理論を日本に土着化させることを考えている。

小林氏は、警察庁国際組織犯罪対策官、高知県警本部長などを歴任した元警察官僚だ。また、内閣官房審議官（内閣情報調査室・内閣情報分析官）を務めたこともあり、日本国家の中枢でテロ対策の実務に従事していた。実務家の立場からすると警察のテロ対策に国会が関与してくるのは面倒だ。しかし、実務家の狭い視野にとらわれず、民主主義体制におけるテロ対策のあり方を真剣に考えている。〈現在の衆参両院の情報監視審査会を発展させるなどして、米国等と同様に「議会に設置された監視委員会」とすることが考えられます。あるいは、カナダのように、議会からも一定の距離を置いた「独立行政委員会的な形態の組織」とすることも考えられます。（中略）ある特定のモデルが普遍的に正しいとは限らず、それぞれの国の社会的、政治的特徴に応じて最も相応《ふさわ》しいモデルを構築することが求められます。／さらに、「安全と権利自由の両立」が実現されるためには、こうした監督制度が構築されるのみならず、当該制度が実際に効果的に運用されることが必要です。そのためには、国民自身が、こうした組織の運用状況に興味を持ち、場合によってはその運用に積極的に関与することが肝要です〉。淡々とした表現の行間から誠実さが伝わってくる。

インテリジェンスやテロ対策のような問題は、実務を知らない研究者が論じると机上の空論になりがちだ。他方、実務経験のある官僚だと、自らの経験のみに依拠する「あのときこんな事件があって、私は然《しか》るべき対処をした」というようなエピソードの羅列に終始しがちだ。小林氏は、さまざまな実務経験を積んでいる（墓場まで持って行かなくてはならないような秘密もあると思う）。にもかかわらず、経験主義に陥らず、極力、学術的な客観性を重視する姿勢を取る。テロリズム研究における理論と実践の有機的結合を図っているのだ。こういった作業には、強靭《きょうじん》な知力とねばり強さが要求される。小林氏が研究活動を続ける動機は日本国家と日本国民に対する愛だと思う。

――「毎日新聞」2020年7月25日

# 日本の大課題 子どもの貧困
## 社会的養護の現場から考える

池上彰［編］　ちくま新書

2日、東京都内で開催された政府、財界、子育て関連団体などによる「子供の未来応援国民運動」の会合に出席した安倍晋三首相は、〈子供の貧困対策について「関係閣僚に充実策の検討を指示し、夏をメドに方向性をまとめ、年末に財源確保を含めた政策パッケージを策定する」と表明した〉（3日付本紙朝刊）。安倍首相の表明をかけ声だけに終わらせてはならない。政府機関や子育て関連団体だけでなく、われわれ一人一人が貧困に苦しむ子どもの生活を改善するためにできる範囲で具体的行動をしなくてはならないと思う。ジャーナリストの池上彰氏は、〈「子どもの貧困」を考える上で最も大事なことは、抽象論ではなく、子どもたちの実相を把握することです〉と強調するが、本書はまさに実相の把握を主眼に構成されている。まず、池上彰氏が案内人になって、児童福祉の専門家である高橋利一氏から、子どもの貧困の問題が集約されている児童養護施設の現状と課題に関する聴き取りを行っている。その上で、臨床心理士で、児童養護に詳しい池上和子氏が、子どもの抱える問題の実情について解説し、児童養護施設を運営する高橋利之氏が、子どもたちを自立させるための支援について述べる。

貧困によって社会的養護を必要とする子どもは、1998年ごろから増えている。池上彰氏の〈(産業の)空洞化が進んで、いわゆる工場などの単純労働者の職場が奪われた。そして貧困に苦しむ人たちが増えていった。その皺《しわ》寄せが子どもにいったということでしょうか〉という質問に対して、高橋利一氏は、〈貧困の連鎖が子どもにまで押し寄せて、いまや約6人に1人の子どもが貧困とされる水準で生活をしているともいわれ、2013年には「子どもの貧困対策の推進に関する法律」という法律まで成立しました。この貧困の連鎖をどこかで断ち切らなければなりません〉と答える。子どもの貧困は、社会構造の変化によって生じているのであるから、社会全体で解決のために努力しなくてはならない。本書では、児童養護施設の子どもたちが大学教育を受けるための経済的支援が強調されている。〈かつては「高校まで出たんだからもう十分じゃないか。施設の子が大学まで行くなんて贅沢《ぜいたく》だ」というような認識が少なからずあった。けれども大学まで行ってきちんと就職して良き納税者になれば、その子をこれまで育てるのに使ってきたお金を返してもらえる。これは極めて合理的な考え方だし、社会にとっても大いにプラスになります〉との池上彰氏の主張には、説得力がある。

生活保護制度が十分に活用されていないために子どもが犠牲となっている事例も少なからずある。池上和子氏は、〈(親が)自分がおかれている状況は生活保護という制度を必要としている状態にあることに気づいていない場合や、あるいは実務的に生活保護の申請ができないままに過ごしている場合があります。また一方では、生活保護手続の必要性を知ってはいるけれども、そうした手続に伴う社会的接触を拒んだ生活をしている場合も少なくなく、生活保護を受給していない約6割のなかにはこうした事情がある家庭が含まれます〉と指摘する。こういう問題の解決に資する万能マニュアルは存在しない。育児放棄や貧困で苦しんでいる子どもが近所にいる場合には、それに気づいた人が勇気を出して行政機関に伝えることが重要だ。それによって事態はかなり改善する。池上和子氏は、〈混乱した養育環境にあった子どもが、学校教育のなかで自分の成長や達成に興味を持たなくなり、教師はそうした子どもを意欲や学習能力が低いと見なし、関わりが希薄になってゆくという〉教育的ネグレクトに注意を喚起する。人間的な信頼関係を構築することが、教育的ネグレクトによって自分の将来について考えることをしようとしなくなってしまった子どもを変えていくために不可欠であることが行間から伝わってくる。

さて、児童養護施設で生活する子どもは、家庭環境が改善されれば実親や親戚の家庭で暮らすようになるが、そうでない場合は、18歳の年度末に高校卒業とともに施設を退所しなくてはならない。高橋利之氏は、〈辞書的な「自立」が理想の状態だと思い込み、他者の力を借りることなく生きていくと、ひょっとすると「孤立」になる可能性があります。誰とも関わることなく、社会の中でひとりぼっちでいる孤独な状態です。孤立した状態では健康で前向きな生活を送ることは不可能です。／家庭による支援を受けることが難しい子どもが社会の中で自立していくためには、自立に向けて必要な支援と、困難な状況に陥った際にそれを乗り越えるための支援が、より多く社会の中に用意されていることが必要です〉と強調する。

苦しいときには、遠慮せずに「助けて」と声をあげることが重要だ。かならず、その声に答える人が出てくる。五味川純平の長編小説『人間の條件』の中で繰り返される「人間の隣にはかならず人間がいる」という言葉を評者は信じている。

——「毎日新聞」2015年4月5日

# 「なんとかする」子どもの貧困

湯浅誠［著］　角川新書

社会活動家で法政大学教授の湯浅誠氏が、現場で得た体験知とアカデミズムの学識を結合し、いまここにある貧困を現実的に解決することを狙った意欲的な作品だ。第1章は、貧困問題解決に向けた理論的考察、第2～4章は、子どもの貧困解決に取り組む人々についてのインタビューやルポルタージュから構成されている。自治体、企業、NPOなどさまざまな形態での活動が紹介されているが、その中には風俗店の経営者がこども食堂を運営するに至る経緯、アダルトビデオの動画配信で成功した経営者が始めたビジネススクールなど、これまであまり紹介されなかった試みについても記されている。子どもの貧困対策を1ミリでも前に進めようとする人は仲間だという湯浅氏の立場がこういう形で明確に示されている。

湯浅氏の議論で興味深い点は、資本主義社会には格差があることを肯定した上で、衣食住を欠く絶対的貧困だけでなく、学校には通っているが修学旅行に行けないような相対的貧困の解決を訴えていることだ。〈個人レベルでは、ある程度の格差は努力の源泉になる。「自分だって、やってやる」と。しかし、過度になると「あきらめ」「絶望」が生まれ始める。「どうせ無理」「やってもムダ」と。その怖さはみんなが知っている。だから繰り返し言う。「夢や希望をもてるように」と。社会レベルでは、ある程度の格差はイノベーションの源泉になる。「より多くの教育投資」「他社よりよいサービス」「さらに便利な商品」……。しかし、ある程度を超えると「排除」が生まれ始める。進学できない、健康被害、社会的孤立、自殺、「誰でもよかった殺人」……。これは社会の活力をそぐ。／「ある程度の許容範囲の格差」と「過度の格差」の境界を示すメルクマール（目安）が「相対的貧困」だ。これを超える落ち込みを示す人たちが増えると、消費は停滞しますよ、活力はむしろそがれてしまいますよ、社会は不安定化しますよ、と〉。

相対的貧困の解決に取り組むことは、社会的な安定と経済の活性化に寄与する。特に親の経済状態によって子どもが受けられる教育に過度の格差が生じるという現状を是正することが急務だ。国家が教育に投資することは、将来の納税者を増やすことにつながり、経済的にもプラスの効果をもたらす。

湯浅氏のリアリズムは、子どもを十分に助けることができない親や学校を叩《たた》いても意味がないという指摘にも現れている。〈ＳＯＳを出せない親や学校を叩いたところで、困難を抱えた子どもたちが救われるわけではない。相手を意固地にさせて、逆効果になることさえある。だから全国の実践家たちは「叩く」のではなく「支援する」ことを通じて、親や学校と関係を築き、子どもに至る通路を開いてきた。結局は、そのやり方が一番効率的で、効果的だから〉。その通りと思う。

人間は社会的動物だ。助け合わなくては生きていくことが出来ない。この原点に立ち返ることが重要と思う。貧困で苦しんでいる人たちは、十分、自分のことを責めている。そういう人たちを叩いても、そこからは憎悪と悲しみしか生まれない。重要なのは、１人１人が、自分がいる場所で、出来る範囲での支援をすることだ。この小さな支援の集積が社会を変えていく。社会が強くなることによって日本国家も強くなる。

湯浅氏のような熱い心と冷静な頭脳を備え、現場を大切にする知識人がもっともっと出てきて欲しい。

――「毎日新聞」２０１７年10月8日

## この国の冷たさの正体
### 一億総「自己責任」時代を生き抜く

和田秀樹［著］　朝日新書

生活保護受給者へのバッシング、大量の自殺者、うつ病や依存症に罹患《りかん》する社会人の増大など、現在の日本はさまざまな社会問題をかかえている。ここで顕著なのは、経済的弱者や競争社会からの脱落者に対する対応が、諸外国と比較して非常に冷たいことだ。この傾向をテレビが加速している。現状を詳細に分析した上で、和田秀樹氏は、その原因が、米国流の自己責任論にあるという。責任回避をしやすい傾向の文化にある米国だから、あえて自己責任論を導入する必要があったという和田氏の指摘は鋭い。共同体意識が強い日本に自己責任論を人為的に持ち込み、その結果、社会が内側から解体されてしまったために、この国の人々が冷たくなってしまったのである。このままの状態が続くと日本社会は、ますます弱くなると和田氏は警鐘を鳴らす。特に危機的なのが教育分野だ。

〈日本は福祉水準が低い国で、失業保険や生活保護も諸外国と比べると充実していない国です。教育分野はとくに手薄で、消費税20％を導入しているヨーロッパ諸国は教育費用が無料だったり、共働き家族のために24時間預けられる保育所が地域ぐるみで無料で設置されていたりするのに対し、日本には子どもを育てたり、働けなくなってからの制度が充実していません。それでも成り立ってきたのは、高度成長期に大企業を中心として福祉に力を入れていたからなのです。／子どもの教育費がかかっても、それは企業が年功序列という賃金体系をつくることで賄っていたわけです。年功序列をやめて、フラットな賃金体系にするのであったら、当然、教育費などは国が持つ必要が出てきます。ところが、自己責任の名のもとに国はその義務を負おうとはしません〉。

この指摘の通りだ。本書の特徴は、ただ現状を分析するだけでなく、和田氏が具体的な提言を行っていることだ。教育についても、国家による教育予算の増大、奨学金制度の充実など、誰もが述べていることだけでなく、いじめ対策への警察の活用、競争原理強化によるエリートの育成の必要性を説く。賛否については、さまざまな意見があろうが、筋の通った提言であることは確かだ。

和田氏は、人間存在の原点に立ち返って考えることを勧める。

〈私たちが自分でできる戸籍関係手続きは、婚姻届と離婚届だけです。／死亡届も出生届も、自分では出せません。／考えてみれば、人間は生まれてから死ぬまで人の助けが必要です。「迷惑」をかけてばかりなのです。／（中略）私は、人間は生きてるだけで「迷惑」の塊だと気づくことが大事だと思います。／誰かに迷惑をかけているんじゃないかと必要以上に自分を責めたり、「国に迷惑をかけた」と鬼の首を取ったように誰かを糾弾する。そういう人には、私はこう言いたいと思います。／迷惑をかけないことは立派なことでもなく、正義でもないのです〉。

評者も和田氏の見解に全面的に同意する。「迷惑」をかけ、そして「迷惑」をかけられて、私たちは生きているのである。日本は、「迷惑をかけあう共同体」なのだ。この現実を認識すれば、日本人ひとりひとりがもう少し心に余裕を持って、自分に対しても、他者に対しても優しくなることができる。

本書は優れた教育書だ。中学生にも十分理解できるわかりやすい表現で書かれている。教育関係者、中学校・高校の生徒、大学生と大学院生、そして学齢期の子どもを持つ親に是非、読んでもらいたい。

——「毎日新聞」2016年2月14日

# 老前破産
## 年金支給70歳時代のお金サバイバル

荻原博子　朝日新書

政府によればアベノミクスが奏効し、日本の経済状況は改善しているということだが、圧倒的多数の国民にはその実感がない。本書は、富裕層以外の多数の国民に、生き残るためのノウハウを伝える実用書だ。

日本弁護士連合会によると自己破産がもっとも多い世代が40代（27・02％）、次が50代（21・05％）という。〈しかも、驚くのは「自己破産」した人の借金の額が何千万円ではなく、なんと半数近くが負債額500万円未満なのです。500万円未満で、裁判所から支払不能と認定されているということです。／なぜ、こんなに少額で破綻が認定されるのかといえば、生活そのものに余裕がなく、どう頑張っても500万円の借金でさえ稼いで返す力がなくなっているからです〉。

ギャンブルや浪費ではなく、現在の60代、70代が構築した「人並みの生活」という呪縛が、経済的困窮の原因であると荻原氏は分析する。〈それは、背伸びしてでも「人並み」でなければ、社会人として恥ずかしいという、横並び意識が強い団塊の世代から受け継いだ価値観でもあります。／「人並みのマイホーム」「人並みの車」「人並みの教育」「人並みの生活」……ところが、この「人並み」こそが、今は高嶺《たかね》の花という時代になっているのです〉と荻原氏は指摘する。言い換えると、われわれは親たちの世代よりも生活水準を低下させざるを得ないという客観的情勢を冷静に認識せよということだ。

特に重圧となっているのが子どもの教育費だ。大学に関する考察が興味深い。〈授業料を１９７５年と２０１５年で比べると、国立大学は約15倍と急激に上がっています。いっぽう、私立は5倍弱の値上がり。いかに国立大学の授業料の値上がりが激しいかがわかります。／学びたいのに、家が貧しいために夢を諦める人も増えています〉と指摘した上で、実際のケースについて説明するが、読んでいて胸が痛む。能力がある若者について教育によって社会的地位を上昇させる仕組みが失われつつあることが如実に分かる。〈日本では、「経済的理由」による大学の中途退学や休学が増えています。／２０１６年2月に行われた大学調査によると、せっかく大学に入学したのに経済的理由で退学してしまう学生の割合は、国立大学が６・８％、公立大学が６・７％、私立大学が11・３％でした（昼間の学部）。国立大学について中途退学の理由を見ると、経済的理由が６・８％で、「一身上の都合」

が16・5%。途中で学生を辞めて就職するというケースが16・8%あります。経済的理由と答えた人はもちろんですが、就職した人や、「一身上の都合」のかなりの割合は経済的理由からではないかと推測されます。つまり、「経済的理由」で大学を辞めていく人は、退学者のかなりの部分を占めるのではないかと思われます。／国が教育にお金を出さない以上、子どもをしっかり大学まで上げようと思ったら、家計が教育資金を用意するしかありません〉。とはいっても家計に余裕があるわけではない。

結局、奨学金（日本では貸与型奨学金がほとんどであるが、これは客観的に見て借金である）、「国の教育ローン」などがあるが、いずれにせよ、大多数の国民が借金をせずに高等教育を受けることはできない状態になりつつある。経済的理由で、知的潜在力のある若者が高等教育を断念することは社会的損失だ。政府と社会が協力して対策を立てねばならない。

——「毎日新聞」2018年2月4日

# 督促OL指導日記
## ストレスフルな職場を生き抜く術

榎本まみ［著］　文春文庫

コールセンターでの仕事はきつくて厳しいことで有名だ。日本国内で現在約60万人がこの仕事に従事しているという。非正規が多く、離職率も高いので、コールセンターでの仕事を経験した人の数はかなりに昇るはずだ。本書は、榎本まみ氏（ペンネーム）による貴重な参与、観察記録だ。

〈私は、新卒で配属されて以来、ずっとコールセンターという場所で働いています。社会人になって、最初に就いたのはクレジットカードの支払いを延滞しているお客様に入金のお願いをする、「督促」と呼ばれる電話をかける仕事でした。／督促というのは、コールセンター業界のなかでも、クレームやトラブルが多いことで有名です。お金がない状態のお客様に支払いを促すので、当たり前ですよね。払いたくても払えないのに、催促されたら腹が立つのはわかります。支払いができないからこそ、逆切れして怒鳴ってくるお客様もたくさんいらっしゃいました。／コールセンターでは、朝出社してから夜退社するまで、一日中ブース（座席）に座って電話をかけ続けました。長い時は朝8時から夜の9時まで、一日中。数えてみると1日500本以上の電話をかけていたこともありました〉。

誰もが督促されることは嫌いだ。また、借金を返したくても、金が無いので返せない人もいる。行き場の無い怒りは督促してきたオペレータに向けられる。ストレスが実に多い職場だ。

コールセンターにはいくつかの掟《おきて》がある。〈お客様の電話をオペレータから先に切ることは失礼にあたるので、コールセンターでは、「電話をオペレータから切ってはいけない」と教え込まれます。／そのため、なかなか解放してもらえないクレームに捕まってしまうと、数十分から、長いと数時間、相手が電話を切ってくれるまで延々と謝り続けることもあります。／休憩が取れず食事に行きそびれたり、残業を免れず、場合によっては深夜までコールセンターに取り残されることもあります〉。

評者が1985年に外務省に入省し、欧亜局ソ連課の研修生で配置されたときに割り振られた仕事の一つが苦情電話に対する対応だった。上司からは「絶対にこちらから電話を切るな。感情的な対応をするな」ということだった。「日本政府の北方領土政策が弱腰だ」という非難や「KGB（ソ連国家保安委員会＝秘密警察）が日本のあちこちにスパイを配置していることに対する有効な対応策を考えた」などという電話に1時間以上、付き合ったことが何度かある。電話の後、何とも表現できない疲れが残った。もっとも評者がそのような経験をしたのは入省1年目のときだけだった。このような電話対応を担当業務にされたならば評者は外務省を辞めていたと思う。これが仕事の大部分を占めるオペレータの心理的負担はとても大きいと思う。もっとも人間は慣れる動物なので、そのうち耐性がつくのであろう。

ＡＩ（人工知能）が発達するとコールセンターも全自動化され、人が必要なくなるという見方もある。これに対して、榎本氏は〈でも、オペレータのお仕事ってそんなに皆が口々に言うほど、なくても困らないものでしょうか。／もちろん、将来ＡＩの技術が進歩して、ほとんど人間のオペレータと変わらないシステムができるかもしれません。けれど、世の中からオペレータがいなくなったらどうなってしまうんだろうと、ふと疑問に思うのです〉と述べる。評者も榎本氏と同じ疑問を抱いている。受話器を通じて生身の人間から伝わる微妙な感情を機械が代替することはできないと思う。

——「毎日新聞」２０１９年11月３日

# シリコンバレーで起きている本当のこと

宮地ゆう　朝日新聞出版

サンフランシスコとシリコンバレーの取材を丹念に行いＩＴビジネスの光と影を描いた優れたノンフィクションだ。現代のアメリカを知るための必読書でもある。

日本では、シリコンバレーというと、ＩＴで成功した富裕層の街という印象が強いが、それと同時に格差を通り越した絶対的貧困現象が生じている。〈それを象徴する存在がある。「ホテル22」。地元の人たちにそう呼ばれる24時間運行の路線バスだ。シリコンバレーの「企業城下町」をぬうように走る。／本当の名前は「ルート22」だが、ホームレスの人たちが乗って夜を明かすため、「ホテル22」と呼ばれるようになった〉。片道約1時間半、料金は一律2ドル（約200円）のバスに宮地氏は深夜に乗って取材をする。〈再び話しかけると、男性は目を閉じたまま、ぽつりぽつりと話し始めた。／67歳だという。60歳の定年まで広告向けの絵を描いていたが、退職後、定収入がなくなって家賃が払えなくなり、家を失ったと話す。／「ほぼ毎日このバスで眠っている。外で寝ていたこともあるけれど、やはり危なくて寝られない。襲われる人もいるしね。ここは暖かくて、いっとき目を閉じられる場所なんだ」／毎晩2往復。そのうちに夜が明けてくるという〉。冷静な筆致だが、行間から弱者に対する温かいまなざしと社会矛盾に対する宮地氏の怒りが伝わってくる。日本でも近未来にこのような事態が発生する可能性がないとはいえない。シリコンバレーの負の経験から学ぶべきことが少なからずある。

アプリを用いたサービスの成功と失敗の原因に関する取材も興味深い。民泊の「エアビーアンドビー」や配車サービスの「ウーバー」に対しては賛否両論があるが、社会に定着し、ビジネスとして成功した。それに対して、パオロ・ドブロウニー氏（32）たちが、サンフランシスコ市の深刻な駐車場不足を研究し、ビジネス化しようとした駐車場アプリの会社「モンキーパーキング」は失敗した。このアプリに登録している人は、路上駐車している場所から離れるときに、その場所を使用する権利を売りに出し、駐車場を求める人がそれを買い、アプリ会社は20％の手数料を得るというシステムだった。サンフランシスコ市は市の所有する土地を売買の対象にすることは許されないという法律を適用し、「モンキーパーキング」は2カ月で撤退した。〈では、規制のグレーゾーンの中でいまも議論されながら利用者を増やしているウーバーやエアビーアンドビーと、モンキーパーキングとの差は何だったのか。／そうドブロウニーさんに問いかけると、少し考えてこんな答えが返ってきた。／「短い期間で多くの利用者を一気に味方につけられなかったことだったのではないかと思う」／従来の規制の枠から外れても、利用者の圧倒的な支持が得られれば、新たなサービスは成り立つはずだ、というわけだ〉。

要するに「稼ぐが勝ち」ということだ。そうなると、どのようなサービスならばビジネス化できるかという倫理上の問題が出てくる。この点についても宮地氏は、自動運転車の人工知能（ＡＩ）に入力するデータに含まれる価値判断の問題や殺人ロボット開発をめぐる倫理的問題についても取材をしている。

近未来にＡＩの技術は急速に発展する。ＡＩを用いた世界がディストピアにならないようにするためには、われわれの技術力のみならず思想や倫理の力も強化しなくてはならないと痛感した。

——「毎日新聞」２０１６年８月28日

# 思想からのアプローチ

マルクスの『資本論』はさまざまな読み方ができるテキストなので、〝太平記読み〟、〝ヘーゲル読み〟などと同様に、〝マルクス読み〟という流れで捉えることができます。

ここで挙げる『「他者」の倫理学』は、〝マルクス読み〟の流れの中でひときわ光を放っていました。著者の青木孝平さんはいわゆる制度化された学問の中心にはいない人ですが、レヴィナス、親鸞、宇野弘蔵を並列し、独自の読み方を展開、その強靭な思考力に私は圧倒されました。

白井聡さんはレーニンの政治思想をテーマにデビュー、『永続敗戦論』(講談社+α文庫)などで注目を集めた政治学者。白井さんの一回り下の世代には、『人新世の「資本論」』(集英社新書)を上梓したばかりの斎藤幸平さんがいます。『資本論』の2巻3巻をよく読み込み、環境問題とマルクス主義をつなげようとしている期待の新鋭です。

時代に即した形で時代ごとに登場する〝マルクス読み〟を追いかける面白さがあります。合わせて、人物ノンフィクションの『エンゲルス』、宇野弘蔵の『経済原論』を読むのも一案です。同一テーマで角度を変えて3冊読むと、理解が深まります。

# 「他者」の倫理学
## レヴィナス、親鸞、そして宇野弘蔵を読む

青木孝平［著］　社会評論社

青木孝平氏の強靱《きょうじん》な思考力に圧倒された。素晴らしい作品だ。サブタイトルに、レヴィナス、親鸞《しんらん》、宇野弘蔵と併記されているが、三題噺《ばなし》ではない。日本の傑出したマルクス経済学者宇野弘蔵の経済哲学を掘り下げた地点から東西の思想を「他者」という切り口で分析したユニークな総合知の書だ。青木氏はレヴィナスの「絶対他者」と親鸞の「絶対他力」が共通の地平の出来事であるととらえている。〈親鸞に深く取り憑《つ》いた「悪としての自己」意識は、その能動性・主体性（自力）に対する徹底的な否定に帰着せざるをえない。こうした自己（自我）に対する否定を、ひたすら自己の内部で遂行しようとすれば、それはパラドクシカルにも、不毛で際限のない自我への固執とその止め処《ど》ない肥大化に帰結していく。このことは、現象学であれ仏教であれ、これまでのほとんどすべての独我論哲学が経験したアポリアであった。ここにおいてレヴィナスと同様に親鸞が行き着いた展望は、

おそらくは、自己の主体性の否定すなわち受動化を根源にまで徹底するためには、外部の「他者」の絶対的な能動性（他力）を全面的に肯定する以外にすべはないという結論だったのであろう。／これが、レヴィナスのいう存在の無限の彼方《かなた》における「絶対他者」であり、親鸞における浄土に住まう阿弥陀《あみだ》如来の「絶対他力」だったのではなかろうか。もしかするとレヴィナスと同じく親鸞も、こうした「他者」がひとつのフィクションであることに気づいていたのかもしれない。しかしながらこのフィクションは、「自我」の溶解のためにはどうしても避けて通れない不可欠で絶対的な前提であった〉。この考え方は、神と人間の質的、絶対的な差異を強調した弁証法神学者カール・バルトにもつながる。

青木氏は、宇野弘蔵が労働力の商品化を軸にマルクスの『資本論』を経済原論に再編したことの哲学的意義についてこう考えている。〈人間は、資本の外部において、みずから労働力の販売者として登場する以外になす術《すべ》はない。彼は、経済外的に形成された「原始的蓄積」という事実を消極的・受動的にではあれ受容し、「自己」を資本（他者）の能動的・積極的な自己増殖運動に組み入れることで、そのアイデンティティを確保するしかない。（中略）そこには、容易には「同」に還元できない「他」、「自己」に対する「他者」という非対称的で差異的な関係性、すなわち資本主義という一社会の特殊歴史的性格が深く刻印されているのである。／こうしていまや人間は、自己の労働力を資本に購買してもらい、資本の生産過程に編成されることによって、唯一、「他者」のもとでのみ商品を生産し世界を構成することが可能となる。（中略）労働力の商品としての実現は、そのいっさいが、「他者」である資本およびその人格化である資本家の能動的な購買意思にゆだねられることになる。レヴィナス流にいえば、自己は他者の「身代わりsubstitution」となり「人質otage」となることによってその存在を許される。親鸞の言葉を借りれば、自己は他者の「他力」によって廻向《えこう》される以外に涅槃《ねはん》にいたる道はないのである〉。

青木氏は、〈経済外的に形成された「原始的蓄積」という事実〉すなわち、偶然、歴史的に起きた事柄を、内部から脱構築することは、原理的に不可能と考えているようである。それだから「外部」からの刺激が、この資本主義体制を超克するために不可欠になる。従って「急ぎつつ、待つ」という姿勢を取ることが社会変革を望む人々の倫理になる。

——「毎日新聞」２０１６年10月16日

# 武器としての「資本論」

白井聡　東洋経済新報社

カール・マルクス『資本論　第一巻』の視座から現代資本主義を読み解こうとした意欲的な作品だ。マルクス経済学者の宇野弘蔵氏と哲学者の柄谷行人氏の知的営為を白井聡氏は真摯《しんし》に受け止め、発展させようとしている。資本主義は労働力の商品化によって、商品が繰り返し生産されるシステムだ。その過程で、労働者と資本家という階級も再生産される。再生産は単なる物やサービスに留《とど》まらず、イデオロギー（人間の行動に影響を与える思想）にも及ぶ。この構造を白井氏は「包摂」という概念で説明する。〈資本の側は新自由主義の価値観に立って、「何もスキルがなくて、他の人と違いがないんじゃ、賃金を引き下げられて当たり前でしょ。もっと頑張らなきゃ」と言ってきます。それを聞いて「そうか。そうだよな」と納得してしまう人は、ネオリベラリズムの価値観に支配されています。人間は資本に奉仕する存在ではない。それは話が逆なはずだ。けれども多くの人がその倒錯した価値観に納得してしまう〉。

評者も認識を共有する。もっとも「包摂」に関しては、『資本論　第三巻』でマルクスが擬制資本と位置づけた株式によって完成すると思う。紙幅の制約があってのことと思うが、株価至上主義批判を理論的に展開すればより知的刺激に富む作品になったと思う。

マルクス主義の理論と実践の関係についても白井氏は深く考えている。〈日本のマルクス研究者として最重要人物のひとりである宇野弘蔵は、『資本論』が孕《はら》み持っているこの二面性について、『資本論』には二つの魂がある」ととらえています。／「二つの魂の一つは科学的な資本主義分析（マルクス経済学）。もう一つは革命のアジテーション（史的唯物論）。これらはどこまでいっても相容《あいい》れないものなので、どちらかを取り、どちらかを捨てなければならない」と、宇野は考えた〉。

科学的な資本主義分析を重視し、唯物史観をイデオロギーとして排斥した宇野氏のアプローチに白井氏は批判的だ。白井氏自身が、現下の資本主義体制を根本から転換しなくてはならないという価値観を持っているからであろう。本書では、「自分にはうまいものを食う権利があるんだ」という抑制された表現がなされているが、人間を疎外から解放するためには革命が不可欠であると白井氏は考えているのだと思う。もっともロシア専門家である白井氏は、ソ連のスターリン主義体制の構造悪をよく理解している。その上での、新たな革命への道を真剣に模索しているのだと思う。評者は、人間の力による革命を信じない。それよりも外部（例えば神）の力によって、いつか現れる千年王国に備えて「急ぎつつ、待つ」ことが重要と考えている。

白井氏は、『資本論』の読み解きは、宇野氏と柄谷氏の思索を継承している。この2人は、明治維新を基本的にブルジョア（市民）革命と規定し、世界資本主義システムに日本も包摂されていると考える。これに対して、白井氏は、明治維新後も日本には封建制が強く残り、それが現在に至っていると考える。この認識は、宇野氏と激しく対立した日本共産党系マルクス主義者の講座派と親和的だ。宇野経済学と講座派を結合するというアクロバティックな手法も本書の魅力だ。

——「毎日新聞」2020年4月18日

# 人間理解を深める

読書によって代理経験を積むことができると「はじめに」に書きましたが、この章では特に、自分が経験し得ない世界を垣間見ることで人間理解が深まる本を挙げます。

臨死体験、発達障害、依存症など、自分が経験しないことを、体験者もしくは臨床医から学ぶことができます。私は高校一年の時に東欧・ロシアを一人旅しましたが、もしあの時旅に出ていなければ、私自身、ゲーム依存に陥っていた可能性を否めません。ひょっとすると自分もその立場になっていたかもしれない、そうした可能性を読書で感じることによって他者理解を進めることができます。

最近では古谷経衡さんが『毒親と絶縁する』(集英社新書)を出しました。これは教育虐待の話です。今、大学で教え子と話していても半数くらいが教育の過程で嫌な記憶を持っている。80年代に話題を呼んだ「家族ゲーム」に描かれたような教育虐待はいまだに、形を変えて日本社会に存在しています。

モンテッソーリは日本ではエリート早期教育のように認識されていますが、実際には障害児教育がベースになっています。大人とは異なる世界を生きている子供を理解する、すなわち、他者の固有性を理解する、まさに本を読む意味がここにあります。

出版社の社長である見城徹さんはピカレスク小説の主人公のような人物です。人間理解のテキストにふさわしい一冊と言えるでしょう。

# 他者という病

中村うさぎ　新潮社

私にとって、中村うさぎ氏は、思想について語り合うことができるかけがいのない友人だ。それだから、私は、聖書について、うさぎさんと語り、それを2人で作品に仕上げてきた。本書『他者という病』で、うさぎさんは、愛のリアリティーを説いているというのが私の解釈だ。

本書で詳しく述べられているが、うさぎさんは臨死を体験した。もっとも臨死と死は本質的に異なる。この世に戻ってこないことが死の条件だからだ。ただし、臨死を体験した人の話は重要である。この体験を通じて、普段は、到達しようといくら努力しても到達することができない無意識の世界を旅しているからだ。うさぎさんは、原因不明の病気で、2014年に3回、心肺停止に陥った。まさに臨死体験をしたわけだが、まさにブラックアウトで、見えたのは暗黒だけだったという。そこでうさぎさんは、言語では表現することのできない何かを見たのだと私は確信している。この無意識の世界は底なし沼だ。しかし、この底なし沼にも底がある。うさぎさんは、暗黒の底に触れて、再びこの世界に戻ってきた。暗黒の底に触れて、うさぎさんは、愛のリアリティーを新しい言葉づかいで表現するようになった。具体的には、「ナルシシズム」と「自己愛」の分節化である。〈では、「自己愛」とは何か。「ナルシシズム」が「自分に恋する」ことであるなら、「自己愛」とは文字どおり「自分を愛する」ことであろう。となると「恋」と「愛」の違いが、そのまま「ナルシシズム」と「自己愛」の違いということになる。／（中略）たとえば「母性愛」という言葉で表現されている感情は、私に言わせれば必ずしも「愛」ではない。盲目的で排他的な母性愛はもはや「愛」ではなく「恋」に限りなく近いものであり、「ナルシシズム」の延長線上に位置するものだと感じる。／（中略）我々はナルシシズムから極力脱却しようと試みる一方で、正当な自己愛を失わないよう気をつけなくてはならない。自分をしっかりと見つめ、その弱さも醜さも受け容れて愛すること……それが自己愛のあるべき形であろうと私は思う。己の弱さや醜さを受け容れられずに目を背けたり美化したり、逆に激しく憎悪したりするのは、すべて「自己愛」ではなく「ナルシシズム」の仕業だ。／自分嫌いは自分好きの裏返し、と、私は以前、子ども向けの自著で書いたが、自分を憎んだり嫌悪したりする気持ちはじつはナルシシズム過多の証なのだ。理想の自分、幻想の自分に恋するあまり、現実の自分を受け容れられない。このようなナルシスティックな自分嫌いは、己の価値を貶める行為であり、いつまでたっても正当な自己評価には至らないのである〉。

イエス・キリストは、「隣人を自分のように愛しなさい」（「マタイによる福音書」22章39節）と述べた。自己愛は、隣人愛の前提なのである。ナルシシズムに苦しんでいる人はたくさんいる。そこから抜け出していく処方箋はなかなか描けない。うさぎさんは、夫をはじめとする何人かの具体的な人々との現実に存在する愛という関係によって、ナルシシズムの罠から抜け出すことに基本的に成功している。

本書を読んで、私は自分の人生体験が浅いことを痛感した。私は臨死を体験したことはない。しかし、鈴木宗男事件に連座したとき、一度、社会的に葬り去られた。その意味では、社会的な臨死体験をしたと思っていたが、認識が甘かった。社会に問題を還元するのではなくうさぎさんのように己の問題として死についてもっと掘り下げて考えなくてはならない。中村うさぎ氏とこのテーマについて一緒に仕事をしたい。

――『波』2015年9月号

# 発達障害

岩波明　文春新書

発達障害の代表的な疾患であるＡＳＤ（自閉症スペクトラム障害、最近までアスペルガー症候群と呼ばれていたものが含まれる）、ＡＤＨＤ（注意欠如多動性障害）について、最新の医学理論、岩波明氏の臨床経験、さらに刑事事件の解説や文学作品の読み解きを通じて重層的に明らかにしている。岩波氏が、専門分野以外にも広範囲の事柄に関心を持ち、しかも深く研究している優れた知識人であることが行間から伝わってくる。

文学作品に関しては、アンデルセンの「マッチ売りの少女」に関する考察が秀逸だ。〈ジュリー・ブラウンは、アンデルセンの童話にはＡＳＤ的な特徴があらわれていることを指摘している（『作家たちの秘密』東京書籍）。彼女が第1にあげている点は、偶然のできごとが物語を支配していることである。／これはＡＳＤの人が他人の内的な心情を思いやることが苦手であることと関係していると考えられる。ＡＳＤの人にとって、他人の行動は気まぐれで不可思議なものとしか思えない。このため、自分の実生活での体験が規則性のないものに見えるため、彼らの書く物語も因果律からはずれる傾向を持つことを指摘している。／2点目にASDの作家に特徴的な性質として、物語が反復される点があげられるという。ブラウンは『マッチ売りの少女』を例に説明をしている。マッチ売りの少女は、辛《つら》い現実から逃れるためにマッチに火をつけることを繰り返した。それは、一瞬のあざやかな夢と幻を生み出してくれるものだった。／物語は、少女がマッチをつけるという儀式的な反復を繰り返して進んでいくが、最後のマッチが消えると唐突にそこで終わってしまう。つまりエピソードは反復し繰り返されるが、物語がそれによって展開していくということがない〉。

そう言われてみると「マッチ売りの少女」には、小説に見られる伏線や、因果関係がない。もっとも現実には因果関係がない偶然としか思えないような出来事で人生が大きく変化することもある。また、職場でも儀式的な反復のような仕事も少なからずある。こう考えるとASDの人たちの内的論理を追体験することも可能になる。

岩波氏は、刑事事件の鑑定で「アスペルガー症候群」という言葉が十分な吟味なくして使われることに危惧を表明する。そもそも裁判における鑑定自体に当事者は意識していない偏見が忍び込んでいる可能性がある。〈刑事事件の精神鑑定は、当然、中立的であるべきである。だが実際は、かなり偏りのある鑑定結果がしばしば提出されている。精神鑑定を数多くこなしている、いわゆる「鑑定屋さん」の医師の場合、結果は検察寄りになることが多い。検察寄りの結論を出す傾向のある医師が、検察や裁判所から頻繁に依頼されているのが現状である。／これに対して、弁護側の依頼による精神鑑定の結果は被告人に有利になる傾向があり、被告人を心神喪失あるいは心神耗弱と認定するものが多い。これにはいくつか理由があげられるが、公平に判断するように努めていたとしても、鑑定をする医師が、被告人に必要以上に感情移入をして入れ込みすぎた結果であることも珍しくない〉。

人間を支配するのは理性だけではない。岩波氏のように、冷徹な頭脳と人間的な共感力と幅広い教養があわさった専門家が積極的に発信することで、発達障害に対する偏見が除かれ、障害のある者とない者が共存する社会の構築が進むと期待する。

——「毎日新聞」２０１７年４月９日

# インターネット・ゲーム依存症
## ネトゲからスマホまで

岡田尊司　文春新書

インターネットやスマホへの依存症の危険については、さまざまな議論が展開されている。駅や道路でスマホを見つめている人と衝突した経験が評者にも何度かある。地下鉄の中でヘッドフォンをつけたままゲームに熱中している人を見て、「大丈夫だろうか」と不安を覚えたこともある。岡田尊司氏は、最新の実証研究と臨床経験を踏まえ、インターネット依存の危険性に警鐘を鳴らす。

〈インターネット・ゲームは、もたらされる非日常的な激しい興奮によってだけでなく、人間の基本的欲求を満たしてしまう仕掛けによって、手を染めた者を骨抜きにし、虜にしてしまう。さらに、一旦依存症になると、そこから得られる報酬によってだけでなく、やらないと生じる離脱症状によって、文字通りにやめることを困難にする。飴《あめ》と鞭《むち》で二重に縛られてしまうのだ。それが、「デジタル・ヘロイン」と呼ばれるゆえんだ。

自覚と強い決意をもって、その状況を変えようとしない限り、終わりのない依存はどこまでも続いてしまい、その間に、膨大な時間が失われるだけでなく、さまざまな健康被害や機能低下を生じてしまう。ついには脳が萎縮し、神経線維の走行までおかしくなってしまうのだ。行きつく先は、生活の破綻、集中困難、無気力、ドロップアウト、さらなる耽《たん》溺《でき》という悪循環であり、もって生まれた能力の半分も発揮することなく、抜け殻のような人生を送ることになる〉。

本書に記された岡田氏が直接関与した臨床報告からも、インターネットやスマホ、とりわけゲームへの依存が文字通り阿《あ》片《へん》や覚醒剤と同じ危険性を持っていることがわかる。特に学齢期の子ども、孫をもつ人にとって本書は必読書である。両親や祖父母としては、子どもや孫がＩＴに早い時期から触れるのはよいことだと単純に考え、スマホを与えてしまう。そのことが、悲劇の入り口になる危険があることを自覚する必要がある。岡田氏は、インターネット依存を抑制する要因として勤勉性に着目し、〈勤勉性の高い人では、自己コントロールが高く、他の依存症にも陥りにくい。小さな頃から勤勉性を養うことは、依存に対する抵抗力をつけることになるだろう。勤勉性とは、少ない報酬で努力する能力だと言える。幼い頃からゲームのような強い報酬を与えてしまうと、勤勉性の獲得が難しくなる〉と強調する。その通りと思う。岡田氏が紹介する臨床例でも、小学生、中学生のときは成績がよかったが、難しい入学試験に合格して、進学校に入った途端、以前のような優等生でいることができなくなり、インターネット・ゲーム依存症に陥っていくケースがいくつもある。親や教師が子どもに教えなくてはならないのは、受験のテクニックではなく、勤勉性であることを痛感する。

また、かつて阿片で苦しんだ経験のある中国が、インターネット依存症の問題に国家プロジェクトとして取り組んでいることも参考になる。〈韓国、中国、タイ、ベトナムでは、すでに児童の利用には一定の規制が行われ、効果を上げている。一方日本は、対応の遅れから、小学生にまでインターネット・ゲーム依存が広がっている状況だ。阿片が蔓延《まんえん》し亡国の道を歩んだ清朝中国の二の舞にならないためにも、国が主体性をもって国民の未来を守るという姿勢を、危機感をもった決意と行動で示してほしいものである〉という岡田氏の指摘に評者も全面的に賛同する。

――「毎日新聞」2015年1月11日

## モンテッソーリ流
# 「自分でできる子」の育て方

神成美輝［著］　百枝義雄［監修］　日本実業出版社

著者の神成美輝《かんなりみき》氏は、モンテッソーリ教育の第一人者である。マリア・モンテッソーリ（1870～1952年）は、医師で独自の幼児教育法を実践し、確立した。ローマ大学医学部を卒後、「精神病院で知的障がいを持つ幼児の治療教育」で成果をあげた。〈（彼女は、）その時、知的機能に障がいを持っているといわれる子どもたちが、小さなパン屑《くず》を一生懸命集めている姿を見て、そこに知性的な活動があることに気がつきました。子どもの世界には、大人とは違った感覚、学びがある。子どもは大人とは全く違う世界を生きているということを発見し、それを広く子どもの教育に生かすようになったのです〉。幼児時代にモンテッソーリ教育を受けた人の中からは、アマゾンの創設者ジェフ・ベゾス、グーグルの共同創立者であるセルゲイ・ブリンとラリー・ペイジ、ウィキペディアの創設者ジミー・ウェールズなどユニークな人々が生まれている。

モンテッソーリ教育では、子どもの「敏感期」に注目する。

〈「敏感期」、聞き慣れない言葉だと思います。でも、これが「子どもがぐんぐん伸びる秘密」を握っているのです。敏感期とは、
●ある目的のために
●ある時にだけ
●何かに対して
●非常に強く反応する
時期のことです。

ちょっと分かりにくいかもしれないので、子どもの例で見てみましょう。

敏感期の時期は長く、子ども時代全般を通してのものですが、本書では0～6歳の敏感期に焦点を当てていきます。なぜなら、ママたちを特に悩ませるのが2歳台が中心である「イヤイヤ期」と「敏感期」が重なった時だからです。

それぞれの年齢で「敏感になる」対象は違います。例えば2歳では「習慣にこだわる」子が多く見られます。これは「同じことを同じようにやらないと気がすまない」という時期です〉。

本書では、敏感期の子どもがとる秩序、運動、社会的行動、言語に関する行為について

詳しく説明している。

子どもを過剰に褒めないようにするという指摘も興味深い。

〈トイレトレーニングなどで、できたらご褒美、というのも考えものです。それ自体が目的となってしまうと、ご褒美がないと頑張れない子になってしまうからです。

同じ理由で、ほめすぎるというのも問題です。ほめられること自体がご褒美になり、「ほめられたいから何かする」というふうに考えるようになるからです〉。

外務省のエリート官僚には、「褒められるのが好きで、叱られるのが大嫌い」というタイプが多い。それだから、政治家が恫喝《どうかつ》と褒賞を使い分けると、外交専門家としての矜持《きょうじ》を捨てて、褒められるために権力者の言うなりになってしまう。将来、子どもを褒められ好きの大人にしないためにもこの教育は重要と思った。

子どもの内在的論理を大人に理解可能な言語で説明しているのが、本書の最大の特徴だ。幼児教育と社会人教育には連続している面もある。それは、他者の固有性を理解することだ。その前提として、一人一人の人間が自らの固有性を自覚する必要がある。外交、国際政治における他者を認識する能力を磨く上でも、モンテッソーリ教育の考え方が有益だ。

――「毎日新聞」２０１５年９月６日

# 読書という荒野

見城徹　幻冬舎

小説でもノンフィクションでも作家だけでは本を作ることはできない。第1読者であり、プロデューサーでもある編集者の存在が不可欠だ。ただし、編集者の世界には「黒衣に徹する」という美学があるので、その仕事の実態は外部からよく見えない。出版社にはそれぞれ個性がある。見城徹氏が社長をつとめる幻冬舎は優しさと乱暴さが複雑に絡み合った独特の個性を持つ出版社だ。本書は見城氏の自伝、編集という特殊な文化についての紹介、作家論が有機的に結合したユニークな作品だ。

見城氏は、慶應義塾大学法学部を卒業した後、廣済堂出版に入社する。入社後、初めて企画した『公文式算数の秘密』（1974年）は38万部のベストセラーになった。この成功体験が見城氏の編集哲学を形成した。〈今思えば、公文式にはベストセラーになる条件が揃《そろ》っていた。／まず、オリジナリティーがあること。公文式は独自のノウハウで教師に教え方を指導していて、教材も自分たちで作っているのだから、オリジナリティーがある。オリジナリティーがあるということは、極端だ。そして極端なものは明解である。さらに数万人の会員を持っているという癒着もあった。／僕はいつも、「売れるコンテンツの条件は、オリジナリティーがあること、極端であること、明解であること、癒着があること」と言っている〉と見城氏は指摘する。オリジナリティーと極端さは表裏一体の関係にある。明解さも、実用書を含むノンフィクションの場合は重要だ。しかし、見城氏が偉大なのは、それに加えて癒着をベストセラーの条件に加えていることだ。政治でも業界でも、徹底的に癒着することで自己の影響力を拡大するという見城氏のスタイルは、ピカレスク（悪漢）小説の主人公のようで面白い。

見城氏は、人たらしでもある。見城氏が角川書店に在籍したときに五木寛之氏にアプローチする。五木氏の作品が出るたびに、5日以内に感想を書いて五木氏に送る。5日という期限は、五木氏の「五」に因《ちな》んで決めたという。25通の手紙を出した後、五木氏との面会が叶《かな》う。そして『燃える秋』（78年）という小説ができる。〈五木さんと二人でイラニアン航空に乗ってイランまで取材に行くこともできた。（中略）ペルシャ絨毯《じゅうたん》は一人の女の一生を吸い取って、美しく織り上がるのだ。これは感動的な小説になる。／ペルシャ絨毯に魅せられてイランに旅立つ女。それを追いかけていく男。しかし情緒に流されず、女は自分の生き方を貫く。そんな頭でっかちの女がいてもいいじゃないか、義と信念に生きる女がいてもいいじゃないかという小説である。それが五木さんと僕の最初の仕事になった〉。『燃える秋』の主人公・桐生亜希は、「義と信念に生きる女」であるが、この小説は、亜希の目を通じて、イラン帝政の終焉《しゅうえん》とイスラム革命を予告する凄《すご》みのあるラブストーリーだ。著者と編集者が化学変化を起こさなくてはこういう作品は生まれない。

見城氏は、〈僕の持論に、「自己検証、自己嫌悪、自己否定の三つがなければ、人間は進歩しない」というのがある。この三つは「三種の神器」と言ってもいい。人は表現するときに言葉を選び取る。この作業は苦しく、否応《いやおう》なしに自分を否定し、自分の未熟さを見つめ直すことを余儀なくされる〉と強調する。確かに作家にとって、言葉を選び取る作業は、孤独で苦しい。作家に伴走する編集者には作家とは別の辛《つら》さがあるのだと思う。自己検証、自己嫌悪、自己否定の先に悔い改めがある。見城氏の価値観は、意外とキリスト教に近いのかもしれない。

——「毎日新聞」2018年7月8日

# 小説から得られるもの

私はあまり小説を読みませんが、小説だから描ける世界があると感じています。特に自分の理解がとうてい及ばない世界を、小説を通じて知ることがあります。

池澤夏樹さんが角田光代さんの『八日目の蝉』（中公文庫）の解説の中で、「つまりこれは相当に過激なフェミニズムの小説なのである」と書いてらっしゃいますが、おそらく池澤さんも私と同様、自分の理解が及ばない世界を角田さんの小説から感じ取られたのではないかと思います。ここに挙げた綿矢りささん、柚木麻子さん、小島慶子さんらが描く女性たちの細やかな心理描写を、私は興味深く、そして、おっかなびっくり覗き見るかのように読みました。

１９６０年生まれの私にとって島田雅彦さんは同世代作家の英雄的存在と言っていいでしょう。浅田次郎さんもまた、小説世界を切り拓く貪欲な作家。前に進んでいく力は、分野は違えど、私自身の大きな刺激になっています。どんな状況においても諦めずに前に向かっていく力を、優れた小説家たちから得ています。

『崩壊の森』の主人公は、私の戦友でもある元産経新聞モスクワ支局長の齋藤勉がモデル。

２０２０年10月27日に95歳で亡くなった大城立裕さんは単なる二分法では理解できない沖縄を小説という形で見事に描きました。個人的にも目をかけていただき、私が作家として成長する過程でとても影響を受けた人です。

# 手のひらの京

綿矢りさ　新潮社

京都で生まれ育った奥沢家の三姉妹、綾香（長女、図書館員）、羽依（次女、京都の一流企業の一般職）、凜（三女、大学院生）の日常生活を描きながら、家族、職業、恋愛などについて深く考察した作品だ。

京都で生まれ育った綿矢りさ氏にしか書けない、古都独自の風習に関する紹介がところどころにはさまる。これが抜群に面白い。たとえば、京都の「いけず」についてだ。〈京都の伝統芸能「いけず」は先人のたゆまぬ努力、また若い後継者の日々の鍛練が功を奏し、途絶えることなく現代に受け継がれている。ほとんど無視に近い反応の薄さや含み笑い、数人でのターゲットをちらちら見ながらの内緒話など悪意のほのめかしのあと、聞こえてないようで間違いなく聞こえるくらいの近い距離で、ターゲットの背中に向かって、簡潔ながら激烈な嫌味を浴びせる「聞こえよがしのいけず」の技術は、熟練者ともなると芸術的なほど鮮やかにターゲットを傷つける。

普段おっとりのほほんとして響く京都弁を、地獄の井戸の底から這い上がってきた蛇のようにあやつり、相手にまとわりつかせて窒息させる呪術もお手のものだ。女性特有の伝統だと思われている向きもあるが、男性にももちろん熟練者は多い。嫌味の内容は普通に相手をけなすパターンもあれば、ほんま恐ろしい人やでと内心全然こわくないのに大げさにおぞけをふるうパターンもある。しかし間違ってはいけないのはこの伝統芸能の使い手は集団のなかにごく少数、学校のクラスでいうと一人か二人くらい存在しているだけで、ほとんどの京都市民はノンビリしている〉。

この作品の中では羽依が「いけず」の攻撃を受けやすい。それだから反撃法についても熟知している。「いけず」を〈黙って背中で耐えるものという暗黙のマナー〉を破って、振り向いて咆哮のような大声で、〈「私に向かって悪口言うてるんかと聞いとるんや!」〉と反撃するのだ。すると少なくとも羽依に聞こえる場所での「いけず」はなくなる。もちろん陰では今まで以上に悪口を言われるようになるが、聞こえない話は存在しないことというルールを自分の中で作れば、イライラせずに済む。

評者は、同志社大学神学部と大学院で学んだので、京都には6年住んだ。京都人は、学生と観光客(いずれも京都にとって重要な収入源)に対しては優しいので「いけず」に悩まされることはなかった。ただし、大学の京都出身の教師には「いけず」のプロのような人がいた。気にくわない大学院生の修士論文に「なんとなく分かりにくい」というような抽象的な理由をつけて、いつまでも審査しないということもあった。こういうときに暴れる学生には、教師は譲歩する。しかし、おとなしくしていると「いけず」がエスカレートした。京都出身の「いけず」系の学者や評論家の嫌がらせには、評者は「東えびす」の乱暴さを発揮して羽依のように反撃することもあれば、エッセイに特定の人々には真意が分かる「犬笛」（人間には聞こえない音域を使う笛）で応えることもある。

——「ケトル」vol・35

# 終点のあの子

柚木麻子　文藝春秋

評者は現在、複数の大学で教鞭をとっている。そこで気づいたのは、学生たちが、お互いの距離の取り方について、過剰なほどに神経質になっていることだ。このあたりの事情を理解するのに柚木麻子氏の『終点のあの子』がとても参考になる。この小説では、中高一貫制の女子高で、いじめる側、いじめられる側の生徒の内的世界が見事に描き出されている。特に、高校からこの学校に入り、著名な写真家の娘で奔放な生活をしているが、実は傷つきやすい朱里の物語が興味深い。朱里は希望通り美大に進むが芽が出ない。そして、親友と思っていた杉ちゃんが東京に残らず、広島の故郷に帰るということになり激怒する。当初、朱里を宥《なだ》めようとしていた杉ちゃんも最後に堪忍袋の緒が切れる。

〈とうとう杉ちゃんが爆発したのは、広島駅改札を抜け、ホームに着いたときだ。四本のホームがゆとりを持って並び、屋根の梁《はり》で鳩がぐるぐると鳴いている。のんびりした印象の広々とした駅だった。

「いい加減にせんか」

杉ちゃんの大声に、ホームで電車を待つ数人が振り返る。頭上の鳩がぱっと飛び去った。朱里は驚いて口をつぐむ。

アナウンスが響き、呉とは逆方向の山陽本線がやってきた。クリーム地に青いライン。小田急線によく似ている。動揺しながらも、ふとそんなことを思う。杉ちゃんは、血走った目でこちらをにらんでいた。

「あんたが高校の頃、苛められたんようわかる。あんたは結局いっつも人のこと見下しとるんよ。見下さずにはおれんのよお」

周りを気にして、朱里はうつむいた。杉ちゃんはこちらの腕を強くつかんだ〉。

自己意識を他人を見下すことでしか確認できない学生が男女を問わずに増えている。偏差値の高い学校の学生のほうがその傾向が強い。しかもそのような醜い自分の心理を隠す知恵がついているからやっかいだ。大学の入学偏差値は、あくまでもその時点での学力を示すものに過ぎない。そんな数字にとらわれずに、きちんと大学で4年間勉強すれば、どの大学に在学していても同じ程度の学力がつく。勉強は積み重ね方式なので、自分の弱点がどこにあるかを正確に把握し、そこを補強しなくては成果があがらない。しかし、高校レベルの学力に欠損があることを認めたがらない大学生が多い。プライドが邪魔をしているのだ。社会に出てから虚勢は通じないということを学生たちに認識させるのは至難の業である。

こういうプライドが高すぎる学生には、なかなか友だちができない。友だちができても、相手を自分のペースに巻き込もうとストーカー化するので、長続きしない。他者の固有性を認めるという人間としての基本をどうすれば学生に皮膚感覚で理解させることが出来るか、種々の方策を試みているが、なかなか解が見つからない。それでも評者は「あなたの隣人をあなた自身と同じように愛しなさい」というイエス・キリストの言葉を学生たちに理解させようと全力を尽くしている。

――「ケトル」vol・34

# わたしの神様

小島慶子　幻冬舎

元TBSのアナウンサーで、現在は、作家、タレントとして活躍している小島慶子氏の手による内幕小説だ。女子アナの世界を描いた作品という狭い読み方をするのではなく、職業や性別にかかわりなく、いわゆる総合職のエリート・ビジネスパーソンの熾烈《しれつ》な競争を描いた作品として読むと面白い。

ミスキャンパス出身でアイドルアナの仁和《にわ》まなみ（27歳）は、〈つまらないごく普通の女〉を演じているが、それが〈主婦の反感を買わずにいる最善の方法だ〉と経験則によってつかんでいるからだ。まなみは、出世の秘訣《ひけつ》は権力に近づくことであると冷徹に認識している。〈男を味方につけたら、あとは女に嫌われないようにすればいい。好かれなくたって、嫌われさえしなければいいのだ。テレビも雑誌も、作っているのは所詮は男なのだから。男に気に入られれば、目をかけて引き上げてもらえる。誰がその力を持っているのかを見極めることが、肝心なのだ〉という処世術は、現実的に考えて間違えていない。

評者がかつて勤務していた外務省でも誰が実質的な権力をもっているかを見極め、権力者に擦り寄ることに成功した外務官僚が出世した。もっとも出世しなくては、自分が国益に適《かな》うと考える案件を推進することはできない。第三者から見るならば、義理を欠き、人情を欠き、平気で恥をかく「サンカク官僚」であっても、本人は国士であると勘違いしている事例がほとんどだった。『わたしの神様』に出てくる女子アナや記者たちも、主観的には「良い仕事をしたい」と思っている。それだから、自らの醜悪な姿が見えないのだ。

ライバルを潰す技法についてもまなみは巧みだ。例えば、同じ新人アナウンサー滝野ルイへの対応だ。

〈当時高視聴率を誇っていた朝の情報番組にルイとまなみが現場研修に行ったとき、「ウィークエンド6」のプロデューサーでもあるエグゼクティブ・プロデューサーの藤村が二人を食事に誘ったのだという。夜の会食でまなみが化粧室に立ったとき、酔った藤村はルイの肩を抱き、まなみよりも人気者にしてやると言って、無理やりキスをした。スカートの中に差し入れられた手を払いのけると、乱暴に胸を摑《つか》まれた。まなみが戻って来たので藤村はルイから離れたが、まなみは何も見なかったかのように、にこやかに藤村と話し始めたのだという。そのあと二人でタクシーに乗ったときに、まなみはルイに言ったそうだ。

「意外と、したたかなんだね。だけど、そんなことじゃ私には勝てないと思う。藤村さん、お目当ては私だから」〉。

男女を問わず、総合職で出世競争への野心を持っていない人はいない。ただし、それを剝《む》き出しにするか、隠すかというスタイルの違いがある。まなみの場合は剝き出しにするタイプだ。一般論として、こういうタイプは不必要な敵を作るので失脚しやすい。

産休後、職場に戻った佐野アリサ（35歳）と同期入社の政治部記者出身でニュース番組のディレクターをつとめる立浪《たつなみ》望美の対立も深刻だ。

〈アリサは望美に向き直った。

「あなたこそひがんでいるじゃない。私にもさんざん嫌がらせしたわよね？　なんでアナウンサーを差別するの？　悔しいから？　採用試験に落ちたから？」

望美の顔色が変わった。

「言いがかりはやめてくれる？　傷ついてるのは自分だけだと思わないで。仁和まなみにメインをとられて悔しいんだろうけど、起用する側から言ったら当然の判断よね。オヤジのお気に入りを座らせとくなら、同じバカでもきれいな方がいいもの」〉。

望美は局アナ試験を落とされた経験からこんな認識を持っている。〈最終面接で落ちたとき、これは現代の花魁《おいらん》だと気付いた。知識と教養と美貌を兼ね備えていても、最終的には男に買われる女たちなのだ。より高値で買ってもらうためには、金で脚を開くような女ではありませんというふりをしなくちゃならない。自分で自分の値をつり上げて、男の欲望を最大限に引きつけるのだ。その才覚に長《た》けた女が生き残る世界なのだと〉。おぞましい偏見だ。いわゆるエリートの中には、常に自分が最上位でないと我慢できない人がいる。この小説に出てくるエリート女性は、「容姿と能力」が判断基準だ。男性たちの世界では、「出身大学の偏差値と能力」が判断基準になるのであろう。もっとも出身大学の偏差値にいつまでもこだわっているのは、現在所属している組織の劣位集団にいる人だ。外務官僚で、能力的にはいま一つだが、元偏差値秀才はたくさんいる。そういう人たちが酔ってする自慢話は、予備校の模擬試験の順位が全国で10番以内に入ったことがある、東大二次試験の数学で出題された4問を全て解いたという類の日本外交とは何も関係のない内容だった。過度の競争によって、いわゆるエリートと呼ばれる人々が追求する「とにかく自分が一番」という「わたしの神様」崇拝の恐ろしさがリアルに伝わってくる。

——「毎日新聞」2015年7月12日

# 虚人の星

島田雅彦　講談社

優れた小説は、複数の読み解きが可能になる。本書は、ユーモア小説、パロディ小説、スパイ小説、政治小説などとして読むことができる。私はこの作品を、誰もが持つ複合アイデンティティーを描いた小説として読んだ。

人間は社会の中で、さまざまな役割を果たさなくてはならない。例えば、ここに55歳の日本人の男がいるとする。この男は、会社では営業部長、家では夫であり、父、所属している宗教団体では支部長などさまざまな役割を果たしている。役割によって行動が異なる。宗教団体では、いつもニコニコしている人格者であるにもかかわらず、家庭では父権主義的な暴君で、会社では上司にはおもねるが、部下からは成果を徹底的に搾取する上しか見ていない「ヒラメ型人間」だ。さらに、愛人の前では、赤ちゃん返りをして、「おしめを替えてくれ」と幼児プレーをするのが趣味であるなどという例は、決して珍しくない。誰もが、自分の中のある複合アイデンティティーを上手に飼い慣らしながら生きているのである。

この小説の主人公である星新一は、七つの人格を持っている。ちなみに琉球語で魂をマブイという。沖縄人は、マブイを7つ持っていると考える。事故に遭遇するとか、精神的に大きなショックを受けることがあると、マブイをいくつか落としてしまうことがある。マブイを落としてしまった人間は、注意力が散漫になったり、元気がなくなったりする。そのときは「マブイ込め」という儀式を行い、完全な魂を取り戻す。私は、母が沖縄人なので、私は沖縄人と日本人の複合アイデンティティーを持つ。過去数年、沖縄の米軍基地をめぐる問題で日本の中央政府と沖縄の関係が緊張している。その過程で私のアイデンティティーは日本人から沖縄人にシフトしている。そうなると7つのマブイの働きを皮膚感覚で感じるようになる。7つのマブイを持ちながら、いくつかのジャンルで、それぞれのマブイに対応した作家活動を行っているのである。星新一のような生き方は、沖縄人の中ではそれほど珍しいことではないと思う。

星新一が小学校3年生、9歳だったときのある平日の午後、事件が起きる。学校から帰宅し、自宅で宿題をしていると、新一は父からの電話で渋谷に呼び出される。父からは、クローゼットの喪服のポケットに入っている鍵を持ってきて欲しいと依頼される。父親は感謝し、新一が寿司を食べたいと言うので、道玄坂の鮨屋に連れて行き、カウンターでお好み鮨を食べさせる。途中、「パパはおまえが届けてくれた鍵を友達に渡さないといけないので、ちょっと出かけてくるよ、三十分くらいしたら戻ってくるから、ゆっくり食べてなさい。いいね」と言って、父は中座する。そのまま父は失踪してしまう。

残された母の周囲には謎の人々が接近してくる。この作品にはミステリー小説の要素もあるので、種明かしを極力避けつつ書評を続けたい。新一は、父の友人で精神科医の宗猛を通じて、父が日本企業の秘密を中国に流してカネを得ていたスパイだったということを知る。そして宗猛もスパイ網の一員であることが明かされる。さらに宗猛の指導により、新一は7つの人格を巧みに操ることができる技法を身につける。新一は、外交官になる。

外務省を舞台にした小説は、細部をどう描いているかでリアリティが大きく異なってくる。この小説にはリアリティがある。それは新一を人事院が行う国家公務員総合職試験に合格し、官庁訪問と面接で外務省が採用したキャリア外交官ではなく、外務省が独自に行う外務省専門職員採用試験に合格した専門職の外交官に設定しているからだ。キャリア職員は2〜3年で異動するのに対し、専門職員ならば任国に長期滞在し、語学、地域事情ともに高度な知識を身につけることができるからだ。私もこの試験を受けたことがあるが、かなり特殊な内容の試験だった。『虚人の星』にこの試験の内容が書かれているが、正確だ。島田氏がこの試験の合格者に取材するか、合格体験記を読んで調査していなくては、このような正確な記述はできない。また、総理が密かにプライベートな時間を作る技法についても、事情をかなりよく知る人から取材しないとわからない。こういう細部をめぐるていねいな準備が、この作品の完成度を高めている。

北京の日本大使館で中国専門家として業績をあげた新一は、総理官邸の傘下にある国家安全局の職員に抜擢される。そして、40代で総理になった松平の秘書官になる。松平も解離性人格に近い複合アイデンティティーを持つ。いずれにせよ中国のスパイ網が総理周辺に張り巡らされ、日本は危機的状況に陥る。そして、新一の父についての真実、新一と松平の関係などについて、どんでん返しが起きる。

この小説の最後で、松平は、チャーリー・チャップリンの映画「独裁者」の末尾を彷彿させるような演説を行う。〈総理大臣は国家の陰謀を進める主体ではありません。同盟国アメリカに利益を誘導したり、国内の特定思想団体の理想を実現することも本来の職務ではありません。（中略）私は真に平和を希求する立場から、次のような提案をしたいと考えています。／アジア太平洋戦争を二度と繰り返さないためにも、歴代政権が踏襲してきた戦後五十年談話を私も踏襲します。かつて植民地支配と侵略によって、アジア、太平洋諸国の人々に対して多大な損害と苦痛を与えた事実を謙虚に受け止め、改めて痛切な反省の意を表すると同時に、自国中心の歴史認識を改め、アジア諸国共通の歴史観を構築する努力をします〉。島田氏は、松平の口を借りて、現下の日本政治に対する想いを告げている。今年一押しの面白い小説だ。是非手にとって欲しい。

——「群像」2015年11月号

# ブラック オア ホワイト

浅田次郎　新潮社

高いエンターテインメント性と思想的な深さを兼ね備えた感動的作品だ。

学生時代の友人であった「都築君」が私を高層マンションの自宅に招く。二人とも六十代になった。〈親しかったクラスメイトとしばしば会ったのは二十代までで、それぞれが所帯を持ち、仕事も忙しくなると自然に交流はなくなった。三十代と四十代のおよそ二十年間は、たしかに誰がどこで何をしていたかわからなかった〉。自然と、話は空白の時代の出来事になるはずだ。しかし、都築君の話は、少し変わっていた。これまでに見た夢の話だ。その夢の内容は、寝るときの枕の色によって変わってくる。白い枕のときは楽しい夢、黒い枕の時は苦しい夢を見る。

ユダヤ教にカバラーという神秘思想がある。カバラーとは、ヘブライ語で「受け入れ」「伝承」という意味だ。人間の知恵には、理性で割りきれる光の部分と、理性では説明できないドロドロとした闇の部分がある。光の領域を拡大すると、気づかないうちに闇の領域も拡大している。そして、その乖離は解消されることになると説く。乖離が大きければ大きいほど、解決のときに激しい衝撃が起きる。カバラー思想は、十九世紀末に人間の心の闇を分析する心理学という形で再登場した。浅田次郎氏がこの作品で取った手法は、カバラー思想を彷彿させる。この作品が、英語、ドイツ語、ヘブライ語などに訳されれば、大きな反響を呼ぶと思う。

都築君の父も祖父も商社マンだった。ただし、祖父はもともと南満州鉄道の理事で、戦後、公職追放になった後に商社に勤務することになった。都築君は、父と祖父がどのような仕事をしたかについては、ほとんど知らない。ところが、都築君の夢は、第二次世界大戦前、国際連盟による日本の委任統治領（事実上の植民地）だったパラオ、１９８０年代の中国やインド、幕末の京都などが舞台となる。

個々のエピソードに迫真性があるのは、浅田氏がこの作品を準備するにあたって、総合商社の第一線で活躍した人々から詳細な取材をしたからだと思う。不祥事で北京の日本大使館に呼び出されたときの状況について、こんな記述がある。〈大使は別件で外出している、というようなことを参事官は言った。つまり、大使はこの案件にかかわるべきではない、という意味さ。背筋が凍ったね。国家間の外交問題に発展しかねない大問題だ、と言っているようなものだ。／国家を代表する特命全権大使は、慎重でなければならない。だから事案が重大で、なおかつ不可測であるときは、「別件で外出」する〉。こういうことは、実際に経験した人から取材しないとわからない。

明治以降の日本の近代化の過程で、軍隊と総合商社は不可欠の存在だった。第二次世界大戦後、武力によって国際政治に影響力を与えることを断念せざるを得なくなった日本は、経済力のみで生き残らざるを得なくなった。その点からすると、総合商社は、戦後の日本国家そのものだったのである。しかし、戦後は、戦中、戦前と連続している。〈大陸への進出は軍部の独走ではなく、財閥の利権を護るためだったと聞いたことがある。噂ではない。入社して間もないころ、酔っ払った担当役員の口から、まことしやかに聞かされた。世代からするとその役員は、当事者のひとりだったはずだ。／僕らの歴史認識では、戦前と戦後の日本に連続性がない。だがそれは、戦後教育を受けた僕らの錯覚で、べつに日本人がそっくり入れ替わったわけじゃないんだ。／（中略）それが歴史の真相だとすると、辻褄が合うじゃないか。元大本営参謀がのちに総合商社を率いて活躍したことも、元満鉄理事がうちの会社の役員に迎えられたことも。／本質は何ひとつ変わっていない。そう考えたとたん、背筋が凍りついたよ。商社マンとしての僕の不幸は、ミステイクでも不運でもなくて、総合商社という怪物の生理によって必然的にもたらされたのではないか、と思ったんだ。／その仮定が正しいとしよう。／世界大戦まで惹き起こした怪物にとって、人殺しなど朝飯前さ〉。

現在、過激組織「イスラム国」が、欧米やロシアのみならず、日本もテロ攻撃の標的にしている。日本人人質殺害事件によって「イスラム国」の脅威がリアルになった。「目には目を、歯には歯を」ということで、日本人の中に潜んでいた怪物性が目を覚ますかもしれない。自らの姿を等身大で認識したいと考えるすべての日本人にこの本を勧める。

――「波」２０１５年３月号

# 崩壊の森

本城雅人　文藝春秋

ソ連共産党は、西側諸国の政党とはまったく異なる組織だった。一党独裁体制の下、共産党が政府や議会、マスコミなどを指導していた。共産党は国家そのものだったのである。ゴルバチョフ・ソ連共産党書記長は、ソ連国家を強化するために共産党独裁体制を打破し、複数政党制を導入する計画を極秘裏に進めていた。1990年2月5〜7日に行われたソ連共産党拡大中央委員会で、共産党独裁放棄が決定されたが、それを世界で最も早く、同年2月3日にスクープしたのが産経新聞モスクワ支局長の齋藤勉氏だった。このスクープによって産経新聞は1990年度の日本新聞協会賞を受賞した。齋藤氏をモデルにしたと思われる東洋新聞の土井垣侑《たすく》モスクワ支局長の目からソ連末期の政治動向と人間ドラマを描いた傑作だ。ちなみに評者をモデルとしたと思われる日本大使館三等書記官も登場する。当時、評者は深夜に齋藤氏と路上で歩きながら情報交換をしたことが何度もある。新聞記者には負けたくないと思いながら仕事をしたあの頃の記憶が鮮明に甦《よみがえ》ってきた。

土井垣は、モスクワに赴任したとき前任者の新堀《しんぼり》から特ダネ禁止を言い渡される。特ダネを取ろうとしてKGB（ソ連国家保安委員会＝秘密警察）に目を付けられ、国外追放にされると、東洋新聞が大打撃を受けるからだ。しかし、土井垣は、ゴルバチョフが進めるペレストロイカ（改革）の深層を知ろうと、権力の中枢に食い込んでいく。そして、ついに共産党独裁放棄の戦略を立案した1人に行き当たる。情報入手の場面がリアルだ。〈摑《つか》んだ。／「今から読み上げることをメモしてもいい。ただし私の名前は絶対に秘匿することが条件だ」／「それは約束する」／ポケットからメモ帳とボールペンを出した。クージン氏が読み始めた内容を必死に書いていく。／「頼む、もう少しゆっくり話してくれ」／メモが追いつかず、何度か言い直してもらった。／想像を上回る内容に、途中から土井垣の手は震え始めた〉。

土井垣が書いた記事はあまりに衝撃的なので誰も後追いをしない。土井垣自身も誤報ではないかと不安になったが、それは杞憂《きゆう》だった。〈「土井垣さん、タス通信が動き始めました。至急報ですよ」／眼鏡を両手でかけ直した土井垣は立って走って、機械から出てくる紙を摑んだ。／（中略）やった。思わず拳を握った。／そこで黒電話が鳴った。きっとデスクか国分部長だろう。／「土井垣です」／勇んで取ったものの「新堀だ」と言われて、返事に詰まった。また余計なことをして──あの冷酷無情な口調で怒られると気が滅入《めい》りそうになったが、新堀の声はこれまで聞いたことがないほど昂《たかぶ》っていた。／「土井垣くん、よくやったぞ。きょうのは素晴らしい記事だった」／「は、はぁ」／「こういう記事を書くために私や馬場さんは長い間、そこで辛抱してきたんだ。これこそモスクワの特派員がいつか書かなくてはならない記事だ。誰かに燃やされる前に、世界に向かって報道しなくてはいけない記事だったんだ。ありがとう」／そう言うと「じゃあ、部長に替わるな」と電話口からいなくなった。／国分部長からも「よくやった」と褒められたが、頭には入ってこなかった〉。

記者冥利とはこういうことだ。土井垣は、KGBからマークされ、自宅に侵入され、車がパンクさせられるなどの嫌がらせをされた。しかし、ソ連の真実を知ろうとする土井垣にKGBのボリスが協力する。監視する立場にあったボリスの魂を開かせる人間的魅力が土井垣にあるからだ。

──「毎日新聞」2019年4月21日

# あなた

大城立裕　新潮社

沖縄を代表する作家で、93歳になる現在も精力的に書き続ける大城立裕氏の最新作品集だ。私小説の形態で、沖縄が抱える問題を巧みに描いている。妻との出会いから死別までを沖縄の歴史と絡めて書いた「あなた」他、「辺野古遠望」「B組会始末」「拈華《ねんげ》微《み》笑《しょう》」「御嶽《うたき》の少年」「消息たち」の全6作が収録されている。いずれの作品においても「沖縄人とは誰なのか」というアイデンティティーの問題を異なる切り口から問うている。ただし、明確な回答は得られない。大城氏自身のアイデンティティーが揺れているからだ。この揺れが、父親は東京出身であるが、母親が沖縄の久米島出身で、過去十数年の間に日本人よりも沖縄人であるというアイデンティティーが強まっている評者には皮膚感覚でわかる。大城文学の特徴は、政治的、社会的問題を文化に包み込んで理解しようとすることだ。このアプローチから評者は強い影響を受けた。

「辺野古遠望」は、辺野古(沖縄県名護市)における米海兵隊新基地建設問題をめぐり、沖縄人と沖縄人が対立する図式を作り出す無意識のうちにこの国に存在する植民地主義の構造を示す。主人公「私」の甥《おい》は建設会社社長をつとめている。甥は、沖縄人の防衛局係長に頼まれ、辺野古の基地工事に入札し、落札した。辺野古の現場で、抵抗運動をしている人に対して、この係長のいつもとまったく異なる態度を取った。〈「防衛省だろう。何を造ろうというのですか」/防衛局長がすこしたじろいだところで、係長が割って入った。「ここは基地のなかと同じです。防衛省が何を造ろうと、勝手でしょう」/「なにを言うか。あんたは、ウチナーンチュだろう……」

それから何かを言いつづけようとするのへ、押しかぶせて、/「何を造ろうと勝手です。あなたがたに邪魔される筋合いはない」

「なにを!……」/食ってかかろうとするところへ、機動隊員が三人で来て、追い払った。甥はそれに安堵《あんど》はしたものの、いまさらながら係長に驚いた。このままでよいのだろうかと、なにか訳の分からない懸念を抱いた。そのことを電話で私へ告げたので、私は答えた。/「そういうものだ。我慢して続けるほかはない」/この続けるものは、具体的には工事だけでなく、ヤマトとの付き合いのすべてのことを言ったつもりだが、舌足らずになった。しかし、しょせん完全に言い尽くせるものではない、とも思った。しいていえば、歴史のすべてを言うほかはない、という言い訳が私の頭に萌《きざ》した〉。このように沖縄人と沖縄人が対立させられる状況が辺野古では日常的に起きている。基地建設を強行する国家権力に対して沖縄人が力で抵抗しようとしても、押しつぶされてしまうだけだ。政治家や官僚だけでなく、日本国民の大多数も沖縄の状況を見ようとしない。このような状況は、1879年に琉球藩を廃し、沖縄県を設置した琉球処分の時から続いている。〈琉球処分という言葉が昨今、日常語になっている。この現状をまるで百三十九年前の強制接収と同じだと見ている。置県後は言葉や生活習慣にいたるまで、同化意識と劣等感との複雑な絡み合いをつづけた。いま、この状況に、しばらくは我慢して続けるしかない、というのが私の趣旨であった。抵抗と我慢とは、対立するようで、じつは一つのものであってよいと、私は暗に伝えたつもりである。甥のような仕事を進めるには、それしかない、と言っている〉。

現下の沖縄において、我慢することが諦めではなく闘いなのである。

——「毎日新聞」2018年11月4日

# 神学・宗教

『キリスト教史』は日本と世界のキリスト教の歴史をまとめたスケールの大きい一冊です。私が神学生時代に教科書として使用していましたが、絶版になっていることを知り、講談社学術文庫に入れてもらいました。

『プロテスタンティズム』は第19回読売・吉野作造賞を受賞したものの、研究不正行為を理由に受賞が取り消されました。私は、この受賞取り消しを不思議に思っています。当作品中に捏造があるのであれば、取り消しは妥当でしょうが、本書の中身に問題があると思えない。にもかかわらず、受賞が取り消され、版元は本作を絶版としました。仮に著者の研究姿勢に問題があったにせよ、テキストの評価はあくまでテキストですべきです。そのテキストが意味のあるものであるなら、われわれはそれを継いでいくべきです。出版物の封印はあってはならないし、私は焚書に反対します。

カール・バルトは人間の合理性の限界に気づいた極めて優れた神学者です。メルケルもドイツ首相として活躍していますが、実は神学者としてやっていけるくらいのキリスト教的素養に溢れた人物です。彼女の政治姿勢からは強い信仰の持ち主であることが伝わってきます。

# キリスト教史

藤代泰三［著］　講談社学術文庫

日本と世界のキリスト教の歴史を一冊にまとめた便利な本だ。本書を読めば、目には見えないが確実に存在する神によって歴史は動いているという神学的思考を知ることができる。著者の藤代泰三氏（1917〜2008年）は、同志社大学神学部で長年教鞭《きょうべん》をとった歴史神学者だ。評者も神学生時代に藤代氏の講義を聴き、影響を受けた。

藤代氏は、純粋なキリスト教は存在しないと考える。歴史においてキリスト教は特定の文化と触発を起こし、そこから類型を形成すると考える。

〈私はつぎのようなキリスト教史の類型を考える。すなわちギリシア類型、ラテン類型、ローマ類型、ゲルマン類型、アングロサクソン類型、アジア類型である。前記の学者においてはスラヴ類型やアフリカ類型は認められていないが、類型とはある民族の数百年あるいは数世紀にわたるキリスト教の理解に基づいて成立するものであるから、これらの類型成立の可能性があるし、このことをも私は重視したい。さらに北アメリカ類型や南アメリカ類型についても考えられるかもしれないが、これらの地方に発展したキリスト教は、欧州から移植されたキリスト教であることから考えて、新しい類型というものは考えられないかも知れない。しかし米国における類型はアングロサクソン類型と考えられるものの、そこに各種教派、すなわち排他的でなく相互に友交関係に立つ各種教派が実践面で協力することによって新しい類型が生まれるかもしれない〉。

キリスト教は土着化しなくては、人間の救済に貢献しないと考える同志社の神学的特徴が本書において端的に示されている。

本書の特徴は、啓蒙《けいもう》主義、合理主義によって人間を理解することはできないという見方を繰り返し説いていることだ。自由主義神学（近代神学）の起源の一人と位置づけられるフリードリヒ・シュライエルマッハー（１７６８～１８３４年）の『独白録』（１８００年）について解説した箇所で藤代氏はこう述べる。〈人間性とは間断のない活動によって互いにからみ合い、相互に依存しあっているものであり、自分の力で動いているものはなく、また自分のみで動かしているものもない。それ故に人間には謙遜であることがふさわしく、ここに自分と同様に人間性をもつ他者への愛が生まれる。彼は、体系欲は冷ややかな単一性に陥るものであり、ついには闘争したり迫害したりしなければならないものであるといい、このような観点から戦争に反対する。無限なものにおいてはすべての有限なものがなんら妨げられないで併立し、すべてが一であり、すべてが真理である。永遠なものを真に見る者は、常に静かな心をもって自分自身あるいは無限者とともにある〉。

この記述を読んだときに、神学生時代に聞いた藤代氏の歴史神学講義の内容が鮮明に甦《よみがえ》ってきた。藤代氏は黒板にチョークで多数の点を描いて点を相互に線で結ぶ。多くの線が錯綜《さくそう》し、黒板がほとんどチョークで覆われてしまう。この奇妙な図解をしながら、藤代氏は「一つ一つの点が人間です。すべての人間の相互連関から歴史は成り立っているのです。この世の中にいるどんなに小さな人を一人でも無視するような歴史は、ほんとうの歴史ではないと僕は考えます」と強調した。藤代氏は、大学でも教会でも、出会った一人一人の人生を真剣に考え行動するほんものの神学教師で牧師だった。

——「毎日新聞」2017年11月19日

# プロテスタンティズム
## 宗教改革から現代政治まで

深井智朗　中公新書

一般向け新書であるが、神学的水準が極めて高い。今後、本書が日本におけるプロテスタンティズムに関する基本書になる。

今から500年前の1517年にドイツの修道士マルティン・ルターが、教会による贖《しょく》宥《ゆう》状（いわゆる免罪符）の販売を批判する「九五カ条の提題」を発表したことをきっかけに宗教改革が始まる。当初、ルターは、この問題提起が歴史の流れを変える大きな運動になるとは考えていなかったが、カトリック教会と対抗するプロテスタント教会を生み出すに至る。この過程がダイナミックに描かれている。本書の特徴は古プロテスタンティズム（国家と結びつき、思想的には中世の枠組みを超えていない）と新プロテスタンティズム（国家と結びつかない自由教会で近代的思考をする）との分節化に多くの頁《ページ》をさいていることだ。〈プロテスタンティズムという宗派も、教会と支配者（あるいは国家）との関係、教会という宗教団体の社会的性格という点では大きく分けると二つのタイプのプロテスタンティズムが存在していると言ってよいであろう。それを見分けることが今日のプロテスタンティズムを正しく理解する鍵となるであろう。／（中略）一つは古プロテスタンティズムの伝統を受け継いだプロテスタンティズムである。宗教の改革や既存の宗教制度への批判からはじまり、一五五五年のアウクスブルク宗教平和の決定で一つの政治的支配領域には一つの宗教という決定を受け入れたので、改革というよりは、保守化したプロテスタンティズムで、政治的支配者とともに社会の正当性や国民道徳の形成に努力するようになった教会である。今日のドイツなどのルター派教会はその典型的な例であろう。／もう一つは新プロテスタンティズムの伝統を受け継いだプロテスタンティズムである。国家や一つの政治的領域の支配者とは結びつかず、自覚的な信者による自発的結社として、民間の教会として、そして今日の言葉で言えば社会の中の中間団体として存在してきた教会である〉。

新プロテスタンティズムが、18世紀以降、啓蒙《けいもう》主義を巧みに包摂していったために、プロテスタンティズムは近代において強力な宗教となった。さらに世俗化された新プロテスタンティズムについての考察も興味深い。〈アメリカの企業では、アカウンタビリティという言葉がしばしば用いられる。日本では説明責任性と訳されるが、企業や学校は常に自らの業務について説明責任性が求められる。（中略）アカウンタビリティとは神学用語である。神の前での最後の審判において、人間が天国行きの最終決定を受けるための、自分の人生についてのアカウンタビリティである。神の前に人生を説明してみせるのである。神はそれに基づいて判断するのであるが、人間にとっては、この時に神の前で言えないようなことは自分の人生の中で、さまざまな決断の際しないことになるので、まさに人間の行動の倫理的な規範になる〉。

資本主義システムの中に、新プロテスタンティズムの要素が数多く埋め込まれているのである。日本も資本主義国であるから、われわれは意識しないで世俗化された新プロテスタンティズムを受け入れているのである。ちなみに米国のトランプ大統領の所属するのは新プロテスタンティズムの長老派（カルバン派）教会だ。トランプ大統領の、独断的に見える思考や行動の背後にも自分は神に選ばれているというカルバン派の発想が世俗化されている。

——「毎日新聞」2017年5月21日

# バルト自伝

カール・バルト［著］ 佐藤敏夫［編訳］ 新教新書

20世紀のキリスト教神学に最も影響を与えた人物は、スイスのプロテスタント神学者カール・バルト（1886〜1968年）であるということについて異論を唱える人はいないであろう。今年はバルト没後50年になるので、本書が復刊された。本書はバルトが米誌『クリスチャン・センチュリー』に寄稿した三つの手記により構成されている。1939年に同誌は「過去10年で私の心はいかに変化したか」という特集を組み、キリスト教会の著名人たちの手記を掲載した。この企画は49年、59年にも行われ、バルトの手記が3度掲載された。それによって、28〜58年、バルトが42〜72歳の思想的展開を知ることができる。

バルトの最大の業績は、第一次世界大戦による大量殺戮《さつりく》と大量破壊を真摯《しんし》に受け止めて、神理解を根本的に転換したことだ。人間が神について語る宗教を止《や》め、神が人間について語ることに虚心坦懐《たんかい》に耳を傾けることを説いた。さらに重要なのは、その聞いた神の言葉を他者に語ることである。人間は神ではない。従って、人間が神について語ることは不可能である。しかし、神について語らなくてはならない。この「不可能の可能性」に挑むことが神学なのである。バルトが始めた神学運動は弁証法神学や危機神学と呼ばれたが、バルト自身は「神の言葉の神学」と呼んだ。

〈私の思想はいかなる場合にも一つの点において常に同じだということである。いわゆる「宗教」が私の思惟《しい》の対象・根源・規準ではなく、むしろ、私の意図するかぎりでは、神の言葉こそ私の思惟の対象であるという点では少しも変っていない。キリスト教会、その神学、その説教、その伝道を基礎づけ、維持し、支えてきた神の言葉、聖書において人間に――あらゆる時代、あらゆる国、生のあらゆる段階と状況の人間に――語りかける神の言葉、神との関係における人間の秘義――「宗教」という言葉はそれを意味するように見えるが――ではなく、人間との関係における神の秘義である神の言葉――それこそが常に私の思惟の対象なのである〉。

フォイエルバッハやマルクスよりも根源的な宗教批判をバルトは行っているのだ。評者は同志社大学神学部1回生のときにバルトの宗教批判に触れた。そのことがマルクス主義的世界観からキリスト教に展開する契機となり、洗礼を受けることにした。

バルトはドイツのボン大学で教壇に立っていたが、ヒトラーの台頭によって、スイスのバーゼル大学に転職し、そこから反ナチス運動を展開することになる。当時を回顧してバルトは、〈私は狂気と化していたヨーロッパ内部の少なくとも一個所において――すなわち、スイスという島で、特に最初勝ち誇り、後にひどい打撃をうけるドイツと、最初抑えられたが後に頭をもたげたフランスを同時に見渡しうる、バーゼルというこの国境都市において――神学の営みを十分に「あたかも何事もなかったかのごとく」続けることが、私の目前の最も重要な義務であると考えた〉。現実には、第二次世界大戦という極めて深刻な事態が起きているからこそ「あたかも何事もなかったかのごとく」振る舞うというバルトの生き方は評者に強い影響を与えた。外交官としてソ連崩壊という歴史の目撃者となったときも、鈴木宗男事件に連座して逮捕されたときも「あたかも何事もなかったかのごとく」生きることを評者は心がけてきた。バルトは神学を「最も美しい学問である」と言った。評者にとって神学は美しくかつ役に立つ学問だ。

――「毎日新聞」2018年4月29日

# わたしの信仰
## キリスト者として行動する

アンゲラ・メルケル［著］　フォルカー・レージング［編］
松永美穂［訳］　新教出版社

ドイツのアンゲラ・メルケル首相が、東ドイツ出身であることはよく知られている。彼女の父親がプロテスタント教会（ドイツ民主共和国［東ドイツの正式国名］福音主義教会同盟）に所属する牧師であったことも、ドイツの政治や宗教に関心がある人ならば知っている。ただし、彼女がどのレベルの神学的理解を持っているかについては、ほとんど知られていない。本書を読むと、メルケルが牧師になることが十分できる水準の神学的知識を持っていて、また強い信仰の持ち主であることが伝わってくる。

１９９５年6月14日に、ハンブルクで行われた第26回ドイツ福音主義教会（ＥＫＤ、ドイツ最大のプロテスタント教会）大会に環境大臣として出席した際にメルケルはこんなことを述べている。

〈一番難しいもの、それと同時に一番重要なもの、だからこそ難しいものでもあるのが、愛なのでしょう。私生活においても愛は簡単ではありません。しかし、聖書で言われているのは、もちろんそうした愛ではありません。聖書を少し読んでみれば、たとえば「ヨハネによる福音書」を読めば、どんな種類の愛が語られているかは明らかです。その愛は感情豊かな言葉から成るものではなく、冷静な行いのなかに現れます。(中略)こうした関連において非常に印象に残ったのは、ディートリヒ・ボンヘッファーの著書に書かれていることです。自己の明晰《めいせき》さへの問い、自分自身の受容、どこまで自分一人で進むことができ、結局はどこで神を必要とするのか。ここでみなさんに、『抵抗と服従』という本のなかから「わたしは何者か?」という詩の一節をお読みしたいと思います。この詩を書いたとき、ボンヘッファーは獄中にいました。そこでこう述べているのです。「わたしは何者か? 彼らはしばしば言う、わたしが独房から、まるで城から出る領主のように落ち着き払って、明るくしっかりした足取りで歩み出てくると……わたしは、ほんとうに他の人たちが言うような人物なのか、それとも自分が知っているとおりの者に過ぎないのか? 落ち着かず、切ない思いに駆られ、籠のなかの鳥のように病み、誰かに首を絞められているかのごとく、命の息を求めてもがいている。わたしは何者か、こうなのか、ああなのか? 今日はこの人間、明日は別の人間なのか? わたしは彼なのか? 孤独な問いがわたしを嘲《あざけ》る。わたしが何者であろうと、あなたはわたしを知っておられる、わたしはあなたのもの、ああ神よ」〉。
牧師の説教のような内容である。ナチス・ドイツに抵抗し、ヒトラー暗殺計画に参加したために1945年4月に絞首刑にされたルター派の神学者ディートリヒ・ボンヘッファーの影響をメルケルが強く受けていることが伝わってくる。メルケルの世界観は、ルター派的信仰によって作られていることが本書の行間から伝わってくる。ルター派には、宗教の領域と国家統治の領域を区分し、キリスト教徒は国家秩序に従うべきであるとする「二王国説」という原則がある。だから政治的には保守的立場を取る人がルター派には多い。ナチス第三帝国に対しても、東ドイツの共産主義政権に対してもルター派は協力的だった。ただし国家がイエス・キリストの教えから著しく逸脱した場合には、キリスト教徒の抵抗権を認めている。ドイツの政治情勢を見ると近未来にメルケルは首相の座から去る可能性があるが、ドイツで民族主義的で排外主義的な政治勢力が強まるようになったときは、メルケルが信仰的良心に基づく抵抗運動の中心人物になるであろう。

——「毎日新聞」2018年12月23日

# 備中高梁におけるキリスト教会の成立

## 新島襄の伝道と新しい思想の受容

八木橋康広

ミネルヴァ書房

同志社大学神学部には、独自の神学的伝統がある。キリスト教が欧米からの輸入品として扱われている限り、それはほんものではないという考え方だ。キリスト教は日本の文化に土着化してこそ、はじめてイエスが説いた教えが具現化する。こういう土着化論を鮮明に打ち出したのが同志社の傑出した歴史神学者・魚木忠一（1892〜1954年）だった。著者の八木橋康広氏（日本基督教団高梁《たかはし》教会牧師）は、魚木が『日本基督教の精神的伝統』（1941年）において展開した方法を用いて岡山県高梁市にプロテスタント教会が形成される過程について考察する。

鍵を握ったのが、新島襄《じょう》が高梁町（当時）を訪問したことだ。新島の感化を受けた町民が、キリスト教を地元に土着化させ、新時代に適応する指導原理として受け入れた。〈新島はいわば文明開化の同志として迎え入れられて、明治七（一八七四）年一一月に帰国がかない、思う存分にイエス・キリストの福音をもって救国の仕事に邁進《まいしん》した。その一環として明治一三（一八八〇）年と一六（一八八三）年の二回、かつて彼の大志に共感して外の世界に送り出してくれた備中松山＝高梁の地にやって来て、明治新時代にふさわしい至誠惻怛《そくだつ》の教え、すなわち彼が米国で身につけたピューリタン的キリスト教の真髄を、すべての町民に伝授しようとした。／約五千人の高梁町民の内から一六名の人々の魂が、新島襄の教えに触発した。彼らは一味同心して、その教えをもって新時代の高梁と町民の指導原理にしようとした。これが明治一五（一八八二）年四月の高梁基督教会の創立だった。この時彼等の実感としては、儒教を代表とする古い日本的な自分に死んで、キリスト教という西洋的な新しい自分に生まれ変わったという断絶面が、強く自覚されていたであろう。しかし彼等の魂の変容ぶりをもっと広い視点から検討するならば、断絶面と同じくらいに連続面があることが分かる。／すなわち、旧藩時代に彼らの精神に影響を及ぼしていた儒教や備中松山藩という器は、幕末維新の未曾有の動乱と社会革命で粉々に砕かれてしまった。しかしその器の中にあった霊性は、人々の人格の奥底になおも健在だった。新島襄とその同志達は、伝道活動によってその霊性を目覚めさせたと言える〉。

新島襄と高梁の人たちとが出会ったときに魂の触発が生じたのである。新島襄は、キリスト教信仰を受け入れた後も、儒教的霊性を保持し続けた。それだから、高梁の人たちは、新島襄に宿る儒教的霊性を通じてキリスト教を生き死にの原理として受け入れることができたのである。もちろん、高梁においてもキリスト教に反発を感じる人たちもいた。キリスト教徒に対する迫害事件も起きた。しかし、それに対しては、岡山県の県令・高崎五六によるキリスト教徒側に好意的な介入によって沈静化する。この迫害事件を通じ、高梁のキリスト教徒と非キリスト教徒の間に相互信頼が確立され、キリスト教の洗礼を受ける者も増えていく。〈人は天地万物と人間を作った神の意志を知り、恐れ敬い、それに従うことによって、金や権力・名誉や人間関係のしがらみなどこの世の力の奴隷になることからはじめて解放されて真理と自由を得ることができる〉という新島襄によって伝えられたキリスト教の言説が土着化していく過程を八木橋氏は説得力のある形で言語化することに成功した。

――「毎日新聞」２０１６年４月17日

# アメリカ映画とキリスト教
## 120年の関係史

木谷佳楠　キリスト新聞社

1月21日、ワシントンでトランプ新大統領が就任演説を行った際に、聖書から「見よ、兄弟が共に座っている。／なんという恵み、なんという喜び」という箇所を引用した。これは、旧約聖書の「詩編」133編の冒頭だ。短い詩なので、全文を引用しておく（新共同訳）。

【都に上る歌。ダビデの詩。】
見よ、兄弟が共に座っている。
なんという恵み、なんという喜び。
かぐわしい油が頭に注がれ、ひげに滴り
衣の襟に垂れるアロンのひげに滴り
ヘルモンにおく露のように

シオンの山々に滴り落ちる。シオンで、主は布告された祝福と、とこしえの命を。

ヤーウェ（神）の教えに基づく世界支配はシオン（イスラエル）から広められるという意味だ。トランプ大統領が、キリスト教徒のみが聖典とする新約聖書ではなく、キリスト教徒、ユダヤ教徒の両者が聖典とする旧約聖書から、あえて引用し、イスラエルと全世界のユダヤ人に「私はあなたたちと価値観を共有しています」というメッセージを送ったのだ。トランプ政権の親イスラエル政策は、信仰によっても裏付けられている。

米国の政治、経済、安全保障などに関する本は、研究書、専門書に限らず一般書もたくさん出ている。著者の木谷佳楠《きたにかなん》氏は、同志社大学神学部助教で伝道師でもある。木谷氏は牧師になるにあたって必修の実践神学の専門家であるが、同時に表象文化論にも通じている。本書では、1980年代のキリスト教右派の台頭、2001年9月11日の米国同時多発テロ事件以後、終末思想が影響力を強めているなど、米国情勢分析のために不可欠な情報であるにもかかわらず、日本での紹介が不十分である事柄についてわかりやすく書かれている。結論部で、日本人が米国映画をその宗教的、思想的背景について無自覚なまま消費している状況に木谷氏は警鐘を鳴らし、〈ここで注意しなければならないのは、アメリカ独自のキリスト教的価値観の影響を強く受けた映画を、これまで日本の観客も無批判に受け入れてきたという点である。2050年以内に終末が訪れることを、5人中ふたりが信じている国で作られた映画を、我々は単なる娯楽として消費し続けているのである。その善《よ》し悪《あ》しは別にして、日本の観客が無自覚的にアメリカ的価値観と同調し、アメリカ映画によって繰り返し提示される善悪二元論や終末観、そしてアメリカン・ヒーローに代表されるメシア観を取り込んでいる可能性は否定できない〉と指摘する。その上で、313年のミラノ勅令によりローマ帝国のコンスタンティヌス帝がキリスト教を公認した後、国家権力と教会が利用・被利用の関係になった。いわば国家権力のサブシステムとなってしまったキリスト教が、映画を用いて国策に迎合しながら影響力を拡大しようとしている現状を、イエス・キリストの教えに立ち返ることによって脱構築することが求められていると木谷氏は考えている。

キリスト教徒でない日本人（総人口の約99％を占める）にとって、米国映画とキリスト教の関係について知る意味は何なのだろうか。木谷氏の見解は以下の通りだ。〈例えて言うならば、アメリカから輸入された食品のパッケージに記載された「原材料」を見る行為に似ている。食の欧米化が進んで日本の人々の体型が変化してきたように、習慣的にアメリカの大衆文化に慣れ親しんできたことにより、日本に住む人々（特に若年層）の「心の習性」や価値観も変化してきたのではないだろうか。我々は、アメリカから持ち込まれたファストフードを食べ続けることは、その「原材料」から、身体に悪影響を及ぼすことが分かっている。一方で、映画に代表されるようなアメリカ文化の「原材料」については、主原料であるアメリカの宗教性を含めて、これまであまり注目されてこなかったのである。アメリカ映画を観《み》る日本の観客も、自分たちがいったい何を「原材料」にして製作されたものを取り込んでいるのかを知り、吟味する必要はあるだろう〉。

ポストモダニズムの知的嵐の影響を受けた後、総合大学の神学部には、キリスト教信仰から距離を置き、実証的かつ客観的な研究を重視する宗教学部の方向を目指す人々がいる。評者はそのような流れには反対だ。宗教学ならば、東京大学や京都大学などの国立大学でも十分研究できるからだ。同志社大学神学部は、総合大学の一学部であるとともに日本におけるプロテスタント最大教派・日本基督教団の認可神学校なので、牧師を養成することも重要な任務である。木谷氏は、米国に土着化したキリスト教の研究を通じ、日本におけるキリスト教の土着化を考えている。これは魚木忠一、藤代泰三など土着化を真摯《しんし》に考えた同志社の歴史神学者の伝統を継承するものでもある。

――「毎日新聞」2017年2月19日

# 世界史の実験

柄谷行人　岩波新書

柄谷行人氏の思想的自叙伝の性格を帯びた興味深い作品だ。

〈私は一九六九年に夏目漱石論で群像新人文学賞（評論部門）を受賞した後、文学評論を数多く書き、一九七二年にそれらを『畏怖《いふ》する人間』、つぎに『意味という病』という本にまとめました。しかし、その後、文学評論が物足りなくなってきて、一九七三年ごろに、文学以外の評論を試みました。その一つは「マルクスその可能性の中心」で、もう一つは「柳田国男試論」です。それぞれ雑誌に連載したのですが、対象が異なるとはいえ、ほぼ同じ時期に構想し準備していたものです。だから、それらは必然的に交錯するものでした。／例えば、マルクスに関して、「その可能性の中心」を見るというのは、何を意味するのでしょうか。マルクスは体系的な思想家だと考えられています。（中略）／いうなれば、私はマルクスの思想の核心を、通常彼の著作において中心であると見なされていたような所ではなく、周縁に求めたのです〉。柄谷氏のマルクス論の背景には、日本という特殊な文脈において共産主義革命をどのようにして行うかという特殊と普遍に関する問題意識があった。

この問題意識を柄谷氏は柳田国男のテキストを読み解くことを通じて、中華帝国の周縁にある日本人の宗教意識（先祖信仰）が双系制にあるという結論に至る。

〈柳田によれば、日本の先祖信仰の特徴は、死者が母系・父系のような血のつながりがなくても、養子や結婚その他の縁故があれば、祖霊の中に入れられるということである。これはおそらく、双系制と関連している。単系制では、父系であろうと母系であろうと、先祖は一つである。それを目印にして、集団が組織される。ところが、双系制が残る場合、出自が何であれ、ひとが今帰属する場が重視される。イエがそのような場である。柳田によれば、イエは家族というより労働組織である。「親」は元来、労働組織の「親方」（親分）を意味した。

したがって、日本では、出自を重視しない養子制が広範に採用されたのである。家父長的な武士のイエでも、養子制が多く見られた。徳川時代では、大坂だけでなく、江戸でも、商家は男子に相続させせず、代々優秀な番頭を婿にとるというやり方をした。このシステムは、現在でも歌舞伎や相撲の世界に残っている。これらは母系制の名残りではない。それは「イエ」の存続を優位におくものであり、双系的なものに根ざしている〉。「イエ」の存続が血統よりも重要であるという文化は、歴史的に実証できる。これに対して、この文化が双系制に根ざすということは、実証に馴染《なじ》まない。ここで柄谷氏は、実証はできないが確実に存在した事柄として双系制を位置づける。これは柳田の山人の想定に類比的だ。神学では、実証はできないが確実に存在する事柄を原歴史（Urgeschichte）というが、柄谷思想においても原歴史が存在する。

過去の柄谷氏の著作と比較して、本書においては、キリスト教、特にカトリシズムに対する位置付けが変化しているように思える。柄谷氏は、ライプニッツが『中国自然神学論』で中国人の祖先崇拝を肯定的に評価していることを紹介した後、〈キリスト教は先祖崇拝を否定するという通念から見ると、ライプニッツが以上のような考えを支持するのは訝《いぶか》しく聞こえる。しかし、カトリックにはマリア崇敬や多くの天使、聖人《セイント》への崇敬など多神教的な要素がふくまれている〉と記している。そして、カトリック教会司祭の晴佐久昌英氏が〈カトリック教会は、伝統的に十一月を死者の月として、死者と深い交わりを持つ時として過ごします。言うなれば、カトリックの「お盆」です。日本では亡くなられた方々をお盆にお迎えしますけど、尊い習慣ですね。死者を大切にしないということは、生者も大切にしないということです。（中略）すでに天にある方が我々のために祈っているという信仰は、実にカトリック的な信仰です。その代表格は聖母マリアということになるんでしょうが、すべての天使と聖人、そして亡くなった家族、友人が、天にあって神のそばで我らのために神にとりなしてくれる〉との言説を紹介する。祖霊崇拝という日本人の宗教性の特殊性をカトリシズムが包摂できるという晴佐久氏の認識に柄谷氏は共鳴している。

かつて、柄谷氏が共産主義、アソシエーション、Xなどと表現していた人間の新たな共同体がカトリシズムの普遍主義に回収されつつあるのかもしれない。そこからあらたな問題も出てくる。カトリック的な普遍性は、概念ではなくイエス・キリストの代理人であるローマ教皇によって担保されている。そうなると共産主義、アソシエーション、Xなど表現は異なるが柄谷氏が一貫して追求していた事柄は、具体的な人格によって体現されるということになる。柄谷氏は今後、教皇論に踏み込まざるを得なくなると思う。近未来に柄谷神学が誕生するかもしれない。

――「毎日新聞」2019年3月10日

# 知性に触れる

本章では、私の琴線に触れる3冊を取り上げました。宇野弘蔵の『経済原論』はジャンルで言えば「思想からのアプローチ」に含まれるものですが、あえてここで紹介します。

誰にとっても、ものの見方や考え方に大きく影響を与える書物があるはずです。そういう書物は人生が続く限り、繰り返し読み続けることになります。自分の人生を共に生きるテキストになります。

私にとっては、ここで挙げている宇野弘蔵、松岡正剛さん、井上ひさしさんなどがそれに当たります。特に井上ひさしさんからは、私が職業作家に転身する際には貴重な助言をいただくなど、大きな影響を受けました。

# 経済原論

宇野弘蔵　岩波文庫

私のものの見方、考え方に最も強い影響を与えた日本の知識人は宇野弘蔵（1897～1969年）だ。宇野はマルクスの『資本論』研究の第一人者である。しかし、『資本論』から革命の指針を見出そうとするイデオロギー過剰なマルクス主義経済学者ではなかった。宇野は、〈『資本論』をイデオロギーの書として、これを如何なる批判に対しても擁護しようというのは、これを読みもしないで排撃するのと同様に、『資本論』の偉大なる科学的業績を現代に生かすものではないと思っている〉（iii～iv）と強調する。ここでいう科学とは体系知（Wissenschaft）のことだ。宇野は、『資本論』を資本主義社会の内在的論理を実証主義的に解明した体系知の本ととらえたのだ。マルクスが『資本論』で展開した科学（体系知）の方法に、『資本論』の記述が矛盾している場合（例えば、資本主義の発展とともに労働者階級が窮乏するという窮乏化法則）、その記述を改め、純粋な資本主義の運動を記述した「原理論」に再編する必要があると考えた。そして自ら『経済原論』を2度上梓し（旧版上巻1950年、下巻1952年、新版1964年、いずれも岩波書店）、「原理論」の分野で多くの業績を残した。

私は、同志社大学神学部1回生のときに岩波全書版の『経済原論』を買って読んだ。それから数十回はこの本を読み替えしている。『経済原論』は、今も私のものの見方、考え方、そして生き方に大きな影響を与え続けてる。

私は、高校生時代にマルクス主義に強い魅力を感じた。そして、高校2年生のときに社会党系の社青同（日本社会主義青年同盟）の同盟員になった。社青同は、労農派マルクス主義者により構成された社会主義協会の影響下にあり、学習活動に力を入れていた。特に、当時、埼玉大学経済学部助教授の鎌倉孝夫先生が浦和の労働者や学生を集めて行っていた学習会に誘ってくださり、そこで『資本論』の読み解きの手解きを受けた。当時、私は鎌倉先生が宇野弘蔵の高弟であるということはまったく知らなかった。しかし、鎌倉先生が「『資本論』を読むのは、自分の社会的位置を客観的に知るためだ。『資本論』でも理屈が通らない部分は、修正しても構わない」と、他の社青同や社会主義協会の人たちとは違うことを言っていたという記憶が残っている。

私は、母親がプロテスタントのキリスト教徒だった関係で、子どもの頃から教会に通っていた。マルクスは「宗教は人民の阿片である」と言った。ソ連や中国などの社会主義国は、無神論を国是としている。私は自分の中で、神の問題について決着をつけたいと真剣に悩んでいた。私は教会に通っていたが、キリスト教の洗礼は受けていなかった。当時、神学部でキリスト教の洗礼を受けておらず、牧師の推薦状がなくても受験できたのは同志社大学だけだった。この大学で無神論について勉強してみたいと思った。神学部に入って水が合わなければ、すぐに退学して、首都圏の大学の経済学部か文学部に入り直してマルクス主義を勉強しようと思っていた。予想に反して、神学部は、私の知的刺激を満たすのに最良の環境だった。神学の勉強を半年ほどしたところで、マルクスが批判している神は、まさに人間が作り出した偶像で、カール・バルトやディートリヒ・ボンヘッファーなどの優れたプロテスタント神学者は、マルクス主義者よりもずっとラジカル（根源的）な宗教批判を展開していることを知った。１９７９年のクリスマス礼拝のとき、19歳の私はキリスト教の洗礼を受けた。その後、私のキリスト教信仰がゆらいだことは、文字通り、一度もない。

　洗礼を受けた翌年、私は社青同を脱退した。しかし、マルクス主義的世界観から抜け出すためには、もう少し時間がかかった。私がマルクス主義から抜け出す上で、決定的に重要な影響を宇野弘蔵から受けた。

宇野は、マルクスには、2つの魂があると考える。1つ目は、観察者として、資本主義の内在的論理を解明しようとする魂だ。それは、マルクスの主著『資本論』に端的に現れている。ただし、マルクスには、共産主義社会を実現しようとする2つ目の魂がある。『資本論』にも革命家としてのマルクスのイデオロギーが混在するが故に、論理が崩れている部分がある。そのような部分については、イデオロギーよりも論理を重視して宇野は『資本論』を原理論として純化した。宇野によれば、経済学の原理と、〈資本家的商品経済が、あたかも永久的に繰り返すかの如くに展開する諸法則を明らかにする〉ことなのである。ここで鍵になる出来事が労働力の商品化だ。労働力の商品化が生産様式を支配するようになると、資本主義は、好況と恐慌を繰り返し、「あたかも永久的に繰り返すかの如きシステムとなるのである。『経済原論』の結論部で宇野は、〈社会主義の必然性は、社会主義運動の実践自身にあるのであって、資本主義、資本主義社会の運動法則を解明する経済学が直接に規定しうることではない〉と強調するが、これによって私は『資本論』の論理に立ちながら、キリスト教徒であることに矛盾を感じなくなった。

ところで、現実に存在する資本主義は純粋なものではない。

宇野は資本主義の純粋化傾向は、19世紀末には止まり、国家が経済に積極的に介入する帝国主義の時代が到来したと考えた。〈資本主義は19世紀70年代以後漸次にいわゆる金融資本の時代を展開し、多かれ少なかれ小生産者的社会層を残存せしめつつ益々発展することになったのであって、もはや単純に経済学の原理に想定されるような純粋の資本主義社会を実現する方向に進みつつあるものとはいえなくなったのである。すなわち経済学は、ここにおいて原理のほかに原理を基準としながら資本主義的発展段階を段階論的に解明する、特殊の研究を必要とすることになるのであった〉。

そして、歴史的発展とともに経済政策が重商主義、自由主義、帝国主義と質的に異なる位相で発展するという段階論を唱えた。さらに現実に存在する資本主義を分析するには、原理論、段階論の考察に、政治勢力や労働運動の状況、国際関係などを加味した現状分析を行わなくてはならないと考えた。原理論・段階論・現状分析という三段階論で重層的に資本主義を分析する体系知としての経済学を確立する必要があると宇野は説いた。段階論については、国家の経済に対する政策で特徴が顕著になるので、国家論と言い換えてもいいと思う。

外交官になり、インテリジェンス（特殊情報）業務に従事するようになった後も、宇野経済学は私にとって重要な知的武器だった。ソ連崩壊後、ロシアで展開された市場経済化を宇野経済学原理論でいうところの純粋な資本主義という視座から見ると情勢を的確に分析、評価することができた。エリツィン政権初期のブレインでソ連崩壊のシナリオを描いたゲンナジー・ブルブリスに宇野経済学について説明したら、メモにすることを求められた。その後、ブルブリスは新自由主義に批判的になるが、そこには私のロシア語メモの影響も少しあったと思っている。

私は、学生時代だけでなく、外交官時代も、職業作家になった今も、宇野の体系知としての経済学というアプローチは正しいと考えている。

宇野は、〈資本家と労働者と土地所有者の三階級からなる純粋の資本主義社会を想定して、そこに資本家的商品経済を支配する法則を、その特有なる機構と共に明らかにする経済学の原理が展開される。いわゆる経済原論をなすわけである〉と述べているが、資本主義システムは、搾取する者と搾取される者という階級関係を必然的に包摂する。ソ連社会は、労働力の商品化を解消したが、国家の暴力を背景に、すべての人々を強制労働に就かせるという監獄型社会を作り出してしまった。私は、ソ連末期にモスクワに住み、ソ連崩壊を実体験した。現実に存在したソ連型社会主義が失敗した理由は、人間が自らの力によって、理想的な社会を構築することができるという原罪観を欠いた楽観的なヒューマニズムの故と考えている。しかし、資本主義が人間にとって理想的なシステムとは思わない。資本主義が、英国のエンクロジュア（囲い込み）運動という、外部からの契機によって生まれたのだ。論理的に考えるならば、与件が変化すれば、資本主義を超克することは可能である。マルクス主義者の間違いは、システムの転換が内部から可能であると考えたことだ。資本主義は、キリスト教の千年王国が説くように外部からのきっかけによって崩れると私は考えている。それだから、人間を疎外するシステムである資本主義に振り回されないように細心の注意を払いつつ、いつか千年王国が到来することを私たちは「急ぎつつ、待つ」という態度をとらなくてはならない。

新約聖書には、イエスのこんな言葉が紹介されている。

「あなたたちは真理を知り、真理はあなたたちを自由にする」(「ヨハネによる福音書」8章32節)

『経済原論』を読んで、資本主義について真理を知ることは、いつか到来する自由に向けた道備えであると私は考えている。

――「図書」2016年2月号

## 千夜千冊エディション

# 本から本へ・デザイン知

松岡正剛　KADOKAWA

松岡正剛氏（編集工学研究所所長、イシス編集学校校長）は、日本の知性を代表する人物である。二〇世紀の半ばを少し回った一九六〇年代から二一世紀の現在に至るまで、出版界、学界、政界、経済界など、知が関係するありとあらゆる場所に松岡氏の影響は及んでいる。しかし、思想地図上に松岡氏をマッピングすることには未だ誰も成功していない。

中世神学に「博識に対立する総合知」という格言がある。マッピングは博識な人々を対象に成立する概念で、松岡氏のような総合知を体現した人物には馴染まない概念なのである。事実、松岡氏には、日本と外国、東洋と西洋、文科系と理科系というような壁がない。知が関わる場所で、かつ面白い事柄ならば、どこにでも入り込んでいくことができる。それは、松岡氏が天才的な解釈者だからである。

松岡氏自身は、自分の姿を積極的には見せない。「千夜千冊」シリーズで端的に表れているように、他者のテキストを解釈することによって、結果として自らの思想を提示するのだ。その秘密について、松岡氏はこう自白している。

どんな解釈も時代や表現者によって変化する。それが文芸にも美術にも建築にも衣裳にもあらわれる。そういった異なるジャンルの綾取りの赤い糸でつないでいるのがアレゴリーの見立ての力だ。だからアレゴリーはもっと活躍した方がいい。アレゴリーが身辺にない文化は貧弱なのだ。アレゴリーを軽視する社会はイメージが渋滞する。アレゴリー（allegory）とは寓意のことである。何を寓意するかといえば、現象に立ち会って人間たちの観念を疼かせているものを、何かのアイコンやアイテムによって表現する。古代中世のヨーロッパでは「公正」「純潔」「機会」などが頻りにとりあげられて、薔薇や水仙などの植物、狐や狼などの動物、貝や魚や気象や建造物などがあてがわれた。ときに擬人的にもなった。比喩的なのである。

（『デザイン知』63〜64頁）

松岡氏の思考の特徴は、類い稀な論理力とアナロジー、メタファー、アレゴリーを巧みに使いこなす能力だ。あえてアレゴリーを用いるならば、松岡氏は「水銀」だ。水銀は、金属であり、液体でもある。また、容易に分離することができるが、再結合も簡単だ。どのような姿にも変身することができる。

角川ソフィア文庫から、文庫版の「千夜千冊」が順次刊行されることになり、多くの人々が、松岡氏の解釈に直接触れられるようになったことは、二〇一八年の知的世界における最大の事件であると私は考えている。

松岡氏は、未来を先取りしている人でもある。ＡＩ（人工知能）についても造詣の深い松岡氏は、本の将来についてこう述べる。

> 書物がもつ象徴作用や機能作用ももっと知られるべきだ。インターネットやブロードバンドが拡張すればするほど、時代はコンテンツを要求することになる。そのコンテンツは放っておけばタレ流しのゴミである。編集されていなければ何も使えない。コンテンツの編集技術はまさに書物をどうつくるかという技術と不可分だ。その書物編集技術のなかに、世界をどのようなポータルやディレクトリーにするかという技術もすべて内蔵されている。
>
> （『本から本へ』１４３〜１４４頁）

編集は、人類の知的営為そのものである。現下日本の政治や教育が劣化しているが、その根本原因は、国家と社会における編集能力が低下しているからであると私は考えている。国際社会が帝国主義的傾向を強めている状況で、われわれもしたたかに生き残っていかなくてはならない。文庫版『千夜千冊』を通して松岡氏から編集の力を学び、われわれ一人一人が強くなり、社会の知に対する信頼を回復することが日本と日本人が生き残るために不可欠と思う。

――「本の旅人」2018年6月号

# 井上ひさしベスト・エッセイ

井上ひさし［著］　井上ユリ［編］　ちくま文庫

井上ひさし氏（1934～2010年）は、戯曲、小説、エッセイなどの分野を横断して縦横無尽な活躍をした知識人だ。個人的に職業作家に転身するにあたって私は井上氏にとてもお世話になった（このことについては、拙著『宗教改革の物語』角川ソフィア文庫に詳しく書いた）。本書の解説の機会が与えられたことをとても光栄に思っている。

このコレクションには、井上氏の多面的な活動を伝える秀逸な作品ばかりが収録されている。母親への想いは涙をさそう。カトリック系の児童養護施設での生活の辛さも皮膚感覚で伝わってくる。NHKに1カ月間住んでいた経験をユーモラスに描いているが、そこから仕事の鬼だった駆け出し時代の姿が伝わってくる。エッセイ一つ一つについて感想を記していたら、紙幅がいくらあっても足りない。この解説では、井上氏の世界観、書物への愛、さらに文章術について記したい。

世界観に関して、井上氏がカトリック作家であることを再認識した。カトリックの本来の意味は普遍性ということだ。井上氏は、普遍的な価値観にこだわり、偏狭なナショナリズムに囚われぬように細心の注意を払っていたことが「魯迅の講義ノート」から読み取れる。〈魯迅の五十六年の生涯を貫くものの一つに「一般論は危険だ」という考え方があったのではないかと、私は思う。「日本人は狡滑だ」、「中国人は国家の観念がない」、「アメリカ人は明るい」、「イギリス人は重厚だ」、「フランス人は洒落ている」という言い方は避けよう。日本人にも大勢の藤野先生がいる。中国人にも売国奴がいる。日本人はとか、中国人はとか、ものごとを一般化して見る見方には賛成できない。彼の膨大な雑感文には、この考え方がつねに流れている。火事場泥棒風に中国大陸に「進出」してくる日本を彼は心底から憎んだ。がしかし、晩年の九年間、国民党政府の軍警の目を避けるために、郵便物の宛先を内山完造が経営する書店にしていた。百四十の筆名を使って書き分けていた雑感文の原稿料の振込み先も内山書店だった〉。

ここでいう一般論は普遍性に裏付けられていない。民族に対するレッテル貼りだ。一人一人の人間の固有性をたいせつにすることで、自由、希望、愛などの普遍的価値観が実現されるのだ。このような信念を持つ井上氏は、あらゆる権力や権威から解放されている。そのことが、「被爆した父と娘を描いて」というエッセイに端的に示されている。

〈あの芝居（引用者註＊「父と暮らせば」）を書く直接のきっかけは、二つの言葉でした。ひとつは、広島の原爆投下に関する昭和天皇の「広島市民に対しては気の毒であるが、やむをえない」という一言（一九七五年十月三十一日）。もうひとつは、中曾根康弘首相（当時）が広島の原爆養護老人ホームで原爆症と闘う方々に「病は気から。根性さえしっかりしていれば病気は逃げていく」と語ったこと（一九八三年八月六日）。これを聞いたときにキレて、どうしても書かねばと思いました。

芝居や小説は、原体験に比べれば何億分の一の体験でしかないが、記憶の片隅にとどまるだけでもいい。人類の「折り返し点」という記憶をリレーしていく必要がある。広島で修学旅行シーズンにこういう芝居を上演して若い人たちに見てもらおうという話も進んでいるし、米国やロシアでの上演の企画もはじまっています。

冷戦時代には、核弾頭が五万発存在したと言われる。その爆発力は、一説によると高性能火薬二百億トン分で、人類は一人あたり三トン以上の火薬を背負って生きてきたことになります。その三トンの火薬をどうやって二トン、一トンにし、なくしていくか。自らが作ったものが自らの生存を脅かすという基本構造をどう解体していくか〉。

核廃絶という普遍的価値観が揺らぐことがないので、井上氏は天皇もタブー視せずに優れた戯曲を書くことができたのだ。

「書物は化けて出る」というエッセイに井上氏の書物に対する愛が溢れている。要約すると重要なニュアンスが伝わらなくなるので、少し長くなるが関連箇所を正確に引用する。〈食べること以外に金を使える余裕ができてはじめて数冊の書物を手に入れたよろこびを小生はいまだに忘れないのであるが、うれしいと思ったのはほんの束の間だった。いまでは家中を書物に占領され、こっちの方が小さくなって生きている。「エイ、面倒くさい」と、のさばり返った書物を叩き売ればどうなるか。きっと化けて出る。売ったとたん、その書物が入用になる、というのもその一例だが、たとえば次の如き化け方すらすることがあるのである。

株式会社世界文庫が『圓朝全集』(全十三巻)を復刻発行したのは昭和三十八年のことであるが、小生、これを全巻買い揃えたものの、どうも好きになることができなかった。紙質が硬すぎ、いつも頁が踊っているからだ。そこでひととおり目を通し、重要と思うところはノートをとってさる古本屋に、たしか五千五百円で買い取ってもらった。昭和四十二、三年のことだったと思う。

ところが今年になってこの全集におさめられている、『蝦夷錦古郷之家土産』と『椿説蝦夷なまり』とを読まねばならぬ必要が出来て、どこかの図書館へ出掛けて行かなくてはなあ、と考えていたら、さる古書展に二万円で出ているのを発見、さんざん思案した末、購入することにした。さて届けられた『圓朝全集』をめくっているうちにいらいらしだした。というのはところどころに赤鉛筆で傍線が引いてあるのだが、それがきまって妙な、トンチンカンな箇所にほどこしてあったからである。この全集の前所有者はかなりの愚物にちがいないと思いつつ、さらに頁をめぐるうちに出てきたのは、「日本放送協会」のネーム入りのテレビ用原稿用紙一枚。見覚えのある筆蹟で「もしもぼくに翼があったらなあ、空はぼくのもの、高く高く高く、飛ぶんだ……」と走り書きしてある。忘れもしない、これこそは亡くなった山元護久さんと一緒に作った『ひょっこりひょうたん島』の挿入歌。するとこの全集は……。

なんのことはない、小生はかつて自分が売った書物をまた買い込んでしまったのである。手放したときは安く買い叩かれ、また手に入れれば結構な高値で、だいぶ損をした。がしかし、金銭的なことよりも、「やられたな」と思って気分が沈む。なにしろこの全集は「この全集の前所有者はかなりの愚物にちがいない」と小生自身に小生の口から悪態をつかせたのだ。叩き売られた恨みを十年間も忘れずいまごろ化けて出るとは、女、いや書物というやつもずいぶん執念深いではないか〉。

井上氏は蔵書家だったが、その動機は書物が化けて出ることが怖かったからだ。私も同様の怖れから逃れられない。だから蔵書が増えていく。２００５年に作家として第二の人生を始めた頃の蔵書は5千冊程度だったが、既に4万冊を超えていると思う。怖いので数えることもしていないが、本棚の数から推定するとそれくらいになる。私もかつて読んだ本を読み直すと、「なんでこんな場所に傍線を引いたり、トンチンカンな書き込みをしたりしたのだろう」と恥ずかしくなることがある。職業作家を続けていると、読解力がついてくるからだと思う。

井上氏の文章上達法も、実用性が高い。

〈好きな文章家を見つけたら、彼の文章を徹底して漁り、その紙背まで読み抜く。別に言えば、彼のスタイルを自分の体の芯まで染み込ませる。これが第二期工事である。

そして次に、彼のスタイルでためしにものを書いてみる。もっと詳しくは、たとえば自分の親友に「おい、おもしろい話があるぞ」、「おもしろい発見をしたぞ。小さな発見かもしれないけど、おもしろいだろう」と、どうしても聞かせてあげたいと思うことを、彼のスタイルで書く。自分にとっては宝石のように尊いこと、それをだれかに打ち明けずにはいられないというところまで練り上げて、好きな文章家のスタイルで書く。

そんな書き方をしては、お手本の文章と似てしまうではないかと首をお傾げの方もおいでだろうが、これが不思議と似ないのだ。同じ人間が二人といないように、引き写しや、盗作をしないかぎり、同じ文章ができあがるということはない。たとえお手本通りに書こうと、もちろんその影響がここかしこに認められるにしても、できあがった文章にはあなたの個性も刻印されているはずだ。そしてこれを繰り返しているうちに、あなたの個性はかならずお手本を圧倒していく。

そこで大切になるのは、いったいだれの文章が好きになるかということで、ここに才能や趣味の差があらわれるのだ。だからこそ日頃から自分の好みをよく知り、おのれの感受性をよく磨きながら、自分の好みに合う文章家、それも少しでもいい文章家と巡り合うことを願うしかない。つまり文章上達法とはいかに本を読むかに極まるのである〉。

外交官時代、優れた公電（公務で用いる電報）を書き写すという手法で、私は文章の訓練をした。職業作家になってからも、優れた作家の文体を真似るようにしている。ときどき書き写すテキストの一つが、井上氏の戯曲『箱根強羅ホテル』だ。敗戦直前の絶望的な状況をユーモアたっぷりに描く文体から学ぶべきことが多い。

――『井上ひさしベスト・エッセイ』（ちくま文庫）解説

勉強本

人は幾つになろうとも、教養を身につけ、少しでも知識を得たいという向上心を持っているものです。実際、教養や論理思考は社会人の実務に大いに役立ちます。ただ学歴が高いだけでは、もはや生き抜くことはできません。実力社会で力を発揮するためにも、社会人は日々学び続けることになります。

そうした時に、勉強本は新しい扉を開くきっかけになります。

ここで『試験に出る哲学』を取り上げたのは、著者である斎藤哲也さんのことを世に知らせたいという思いがありました。斎藤さんは黒衣としてさまざまな仕事をしていますが、彼自身が東大文学部で哲学を研究した極めて優れた知識人で哲学者です。また、教育への関心が高い。それは、『あの人はなぜ、東大卒に勝てるのか』の著者も同様で、灘高・東大法学部出身の学歴エリートにもかかわらず、本当の学力を広めることに関心があるように見受けられました。こうした教育への情熱を携えた著者らが取り組む勉強本から得られることを軽んじるべきではないでしょう。

# 試験に出る哲学

## 「センター試験」で西洋思想に入門する

斎藤哲也　NHK出版新書

日本の高校教科書には国際水準で見ても優れたものが多い。ただし、社会人が勉強し直すには少し退屈だ。高校教科書の内容を、工夫して、社会人向けの哲学入門書に仕上げたのが本書だ。斎藤哲也氏は、東京大学文学部哲学科を卒業した後、大手通信添削会社のZ会で勤務し、その後、フリーランスの編集者兼ライターになった人だ。出版界で斎藤氏の能力の高さには定評がある。評者も何度もお世話になっている。

評者は、同志社大学神学部の1〜2回生を対象とする講義で高校倫理の教科書を基に演習問題を解かせている。哲学、神学の基礎知識をつけるのに高校の倫理はすぐれている。その基本知識を問う大学センター試験の問題が優れているのは当然だ。斎藤氏は、それを用いる理由についてこう述べる。〈日本史や世界史を概観するのに高校の教科書が役立つように、大学生や社会人が哲学のあらましを知るうえで、高校倫理の内容は難易度としてちょうどいい塩梅《あんばい》なのだ。／むろん、本書のタイトルや内容を見て、違和感をもつ人もきっといるに違いない。哲学の原義である「知を愛し求める」態度からすれば、センター試験と結びつけて哲学を解説する本なんて邪道もいいところだろう。（中略）知人の予備校講師も「試験に出ないことを話すとクレームが入る」とこぼしていた。現代にソクラテスがいれば、こっぴどく叱られそうだ。／でもその一方で、過去二〇年ほどのセンター倫理を読み込むと、出題者の苦心のさまもよく見えてくる。きっと出題者だって、プラトンやデカルトの思想をマークシート式で答えさせたくはないはずだ。選択肢問題という制約のなかで、どれだけ哲学や思想の本質的な理解を問うことができるのか。その工夫が、問題文や資料文、原典からの引用、個々の設問内容などにあらわれている。／本書で、センター倫理の問題を導入として用いた理由もそこにある。出題者の工夫が詰まったセンター倫理の問題は、「大学合格のため」という意識を外せば、哲学に入門するうえで適切なガイド役となってくれるのだ〉。

評者も斎藤氏の見解を支持する。ソクラテス以前の哲学、ソクラテス、アリストテレス、ストア派、エピクロス派、アウグスティヌス、トマス・アクィナス、デカルト、スピノザ、ライプニッツ、ロック、ヒューム、カント、ヘーゲル、マルクス、キルケゴール、ニーチェ、デューイ、ハイデガー、サルトル、ウィトゲンシュタインなどの思想の基本を本書

1冊で学ぶことができる。斎藤氏には、難しい事柄を、その意味を変化させることなく、易しく言い換える特異な才能がある。例えば、ハイデガーが説いた、非本来的な人間のあり方「ダス・マン」（誰でもない人）からの脱却についてこう説明する。〈現存在である人間が、ダス・マンの状態から脱するためには、自分の死を見据えることが必要だとハイデガーはいいます。すなわち、死を自覚することで、人間は「自分はこのように生きなければならない」という良心の声に気づくのだ、と。／このように、死の逃れがたさを直視し、死の自覚を介して、本来的な自己（実存）に立ち戻ろうとするあり方を、ハイデガーは「先駆的決意」と名づけました〉。斎藤氏の技法は、高校や大学の教師にとっても有益なので、教育技法の本として読むこともできる。

学知は、大学合格のための手段ではない。高校レベルの倫理に取り組むことが人生に役立つ教養を身につける上で有益であると教えてくれる一冊だ。

——「毎日新聞」2018年9月30日

# あの人はなぜ、東大卒に勝てるのか
## 論理思考のシンプルな本質

津田久資　ダイヤモンド社

社会人の実務にも大学生の勉強にも役立つ優れた勉強法の本だ。日本のエリート教育は、教科書に書いてあることを正確に記憶し（理解しなくてもいい）、1時間半とか2時間の制限時間内に筆記試験で再現する能力を向上させることに主眼が置かれている。これは明治の頃、欧米列強のノウハウをいち早く吸収するために必要だった「後進国型」のエリート促成栽培術だ。その負の遺産を現在も克服できていない。それだから、日本は学歴社会にすらなっていない。大学入試の偏差値で能力を評価する「入学歴社会」なのである。著者の津田久資《ひさし》氏は、灘高校、東京大学法学部出身の「入学歴社会」における先頭集団に所属する人だ。しかし、このような日本型エリートが国際社会でも日本のビジネスの現場でも通用しないことをよくわかっている真の意味での知識人なのである。

津田氏は、〈人が考えているかどうかを決めるのは、その人が、書いているかどうかである。／アイデアを引き出すとは、アイデアを書き出すことにほかならない。少なくとも大多数の人にとってはそうである。これまで人生の中で、真剣に考えた経験がある方は思い返してほしい。あなたは1時間とか2時間、腕を組んでう〜んと唸《うな》りながら思考をめぐらしていただろうか。そういう人はかなり少ないと思う。／本当に何かを考えたときには、そのプロセスや最終的なアウトプットについて、何かしら必ず書いているはずである。逆に言うと、それがない限り「考えていた」とは言えないのである〉と指摘する。この指摘の通りと思う。頭の中で単に思いつくだけでは、「考えた」とは言えないのである。それを書き出してみると、きちんとまとまった思考でなくては、うまく言語化できないことがわかる。裏返して言うならば、思いつきを、意味が通った文にする訓練を繰り返しているうちに、論理的な思考力が身につくのである。

「入学歴社会」で優位を確保するために磨かれた型を覚え、あてはめるという再現の技法では、時代が大きく転換する時期の競争に勝つことができない。大学で、あるいは社会人になってから、書く訓練を中心に本格的な勉強をした人が入学歴では敗れてもその後の競争で勝利するのである。

　津田氏は、〈論理思考力こそが発想力の源泉であり、論理思考力とは言葉の力だった〉と強調する。評者もこの見解に全面的に同意する。社会人になってからも、論理の力を鍛えることはできる。非言語的な論理の力は数学で、言語的な論理の力は日本語を書くことによってつけるという知的訓練を日常的に続けることが効果的だ。〈従来であれば、複雑な高級ルーティンワークを大量にこなせる勤勉な人が「優秀な人」だとされてきた。要するに、他人が考えた論理を頭に入れる能力、そしてそこに情報を当てはめる能力さえあれば、その人は「頭がいい人」だと言われたのである。／しかし、そうした時代は終わりつつある。自ら論理（結論仮説）をつくれる人、それに応じた情報収集ができる人が求められるようになってきているのだ〉という津田氏の言葉を重く受け止める必要がある。本書に記されたノウハウを実践すれば、いわゆるエリート大学と呼ばれる入学試験の偏差値が極端に高い大学出身者に対して、そうでない人々でも勝つことができる。偏差値秀才にとっても、社会の厳しさを知ることが出来る優れた「大人の教科書」だ。

――「毎日新聞」２０１５年11月8日

# 最後の一編

# 母を亡くした時、僕は遺骨を食べたいと思った。

宮川サトシ　新潮社

親がいなくては子どもは生まれてこない。当たり前のように思えるが、この真実を自覚するのは、親が死んだときだ。漫画家の宮川サトシ氏は、大学生のとき厄介な血液疾患が見つかり、骨髄移植手術を受けた。病院食が不味いと不満を漏らすと、お母さんは、宮川氏のために給湯室のコンロを無断借用してカレーを作った。骨髄移植後、宮川氏は、痛みや吐き気で苦しんで、意識がはっきりしない時間が続くようになる。ふと横を見ると、お母さんが簡易ベッドで寝ている。〈なんだありゃ…でかい尻だなぁ…少しイラッともしたんだけど…今思えばこの人がくれた安心感に僕は終始救われていたのでしょう――〉と回想する。

このくだりを読んで、私は小学校6年生のときに、私がA型肝炎にかかり、学校を3カ月間休んだときの、自分の母のことを思い出した。毎日、私の手を引いて病院に行き、食事療法として、油を使わないスパゲティーや煮物、黄身を除いた卵料理などを作ってくれた。自分よりも息子の命の方がたいせつという気持ちを宮川氏のお母さんも、私の母も持っていたのだと思う。

宮川氏が退院してから10年後、今度はお母さんに付き添って病院に行くことになる。お母さんは、医師からステージ4の末期がんであることを宣告される。

「残念ですが…胃に数カ所がんが見られます　おそらく他の臓器にも――末期のステージ4と考えてよろしいかと――我々としては一刻も早く化学療法を――」

末期がんでもはや手術も放射線療法も不可能なので、抗がん剤でがん細胞の成長を抑える以外に術はないということだ。抗がん剤は、脱毛、吐き気、食欲不振、口内炎など、さまざまな副作用をもたらす。ステージ4の場合、抗がん剤が一定の期間を経ると効かなくなる場合も多い。そうなると緩和ケアに移行し、人生の持ち時間がかなり短くなる。がんの告知を受けているときに、宮川氏は、お母さんが震えている姿を見る。お母さんは、「医者があそこまで言うなら…まぁ　あかんってことやねぇ」と言い、身辺の整理を始める。その冷静な姿を見ていると、私は自分の母のことを思い出す。

鈴木宗男事件に連座し、東京地方検察庁特別捜査部に逮捕され、東京拘置所の独房に512日間収容された私が仮釈放になったのは2003年10月8日のことだった。母の73歳の誕生日であるこの日に合わせて私は保釈手続きを取った。その翌年5月、母がリンパのがんにかかっていることが発覚した。母は自分のことよりも、刑事裁判を抱え、近未来に失職するであろう私の将来を心配していた。がん保険から支給された金も「お母さんには必要ないから」と言って、私のために取り分けていた。幸い抗がん剤治療が功を奏し、がんは治ったが、死を意識した母は身辺の整理を始めた。私は職業作家になった姿を母に見せることができた。宮川氏の場合は、プロの漫画家となった姿をお母さんに見せることはできなかった。このことを描いた場面に人生の哀しさが滲み出ている。

火葬場で、宮川氏のお母さんは骨になった。骨壺に移した骨の残りを見たときに、宮川氏は咄嗟にこう思った。〈まだ残ってるじゃないか…それなら欲しいよ…っていうか…むしろ食べたい…その瞬間　僕は母親を自分の身体の一部にしたいと強く願いました〉。この気持ちが、本書のタイトルにストレートに反映している。私の母の遺骨の半分は、父と一緒に富士山麓の霊園に眠っている。残り半分は、2010年7月に母が死んでから8年半になるが、私の書斎に置かれている。宮川氏も私も母に見守られながら仕事をしている。

――「波」2019年3月号

# あとがき

今年（2020年）1月18日で私は60歳になった。還暦である。この機会に、私の読書歴について振り返ってみることにする。

小学生時代、1〜4年生まではプラモデル（特に1／72のプロペラ機）作りに、5〜6年生は、ラジオの組み立てとアマチュア無線に熱中していた。軍用機に関する本と無線工学の教科書しか真面目に読まなかった。私が、本格的に本を読むようになったのは、中学1年生の秋に学習塾で、国語の岡部宏先生と出会ってからだ。詳しい事情については、『先生と私』（幻冬舎文庫）に記した。このとき小説の面白さを初めて知った。モーパッサンやフローベルなど、フランスの自然主義文学を中心に読んだ。島崎藤村『破戒』、田山花袋『蒲団』も読んだ。外交官になってから、物事を突き放して見る傾向が同僚よりも強かったのは、最初に触れた文学が自然主義の小説群だったこととどこかで関係しているような気がする。また、デビュー作の『国家の罠――外務省のラスプーチンと呼ばれて』（新潮文庫）から最近の『十五の夏』（幻冬舎文庫）、『友情について――僕と豊島昭彦君の44年』（講談社）には、一昔前の私小説的な雰囲気がある。自然主義文学が日本に土着化した形態が私小説なので、その影響を無意識のうちに受けているのかもしれない。

私は、小説と並んで哲学書や思想書を読むようになった。高校に入ると、私の読書は小説よりも哲学書や思想書に傾くようになった。私は高校時代に文芸部に入っていたが、部員のほとんどが小説家か文芸批評家志望で、謄写版で毎月、雑誌を出していた。皆、小説をよく読んでいて、解釈も深く、しかも見事な文章を書くので、私には小説を書く才能がないのはもとより、読む適性にも欠けると思うようになった。哲学書や思想書は、順番を間違えないで読めば、内容を理解することができる。さらに難解な本には2種類あることに気づいた。第1は、著者自身が、先行思想を研究せず、思いつきで書いているもので、内容が出鱈目《でたらめ》なので、理解できない本だ。こういう本から得られるのは情報ではなくノイズ（雑音）なので、読まないでいい。第2は、積み重ね方式になっている学知の本で、基礎知識が不十分だから理解できない。この場合、基礎知識をつけるためにどれくらいの時間とエネルギーが必要かを考えなくてはならない。本を仕分けする基準は、その頃にできあがった。

大学に入ってからは、神学に本気で取り組んだ。私が専攻したのは組織神学（キリスト教の理論）であるが、プロテスタント神学は、哲学の知識を前提に成り立っている。哲学書に関しても古代から現代まで、広範囲に読まなくてはならない。そのために重要なのは、読書時間を確保することだ。私はテレビと小説を友人に与え、専ら神学書と哲学書、ときどき歴史書を読むような生活が同志社大学神学部と大学院の6年間続いた。このとき多読の習慣が身についた。同時に未知の分野について勉強するときは、基本書を3冊読み比べるという方法も身につけた。その理由については、はじめにで述べたことを繰り返しておく。

〈私が3冊5冊という奇数にこだわるのは、定説がないジャンルの場合、2冊の主張が相反するケースが出てくるからです。ディシプリンがしっかりしているジャンルであれば、3冊の説は満場一致になります。仮に3冊の説がバラバラに分かれた時には、そのジャンルにはまだ定説が全く確立していないということがわかります〉。

このような読書の仕方は、外交官になってからとても役に立った。外交官時代は、仕事に必要な本や資料は、政治、経済、外交、犯罪、セックス、スキャンダルの何であっても徹底的に読み込んだ。そこで公開情報から、秘密情報を抽出するオシント（OSINT：Open Source Intelligence）の手法を学んだ。

私が職業作家になったのは、鈴木宗男事件に巻き込まれたという偶然の事情による。しかし、それは人間の側からの見方に過ぎない。私が信じるキリスト教（プロテスタントのカルヴィニズム）によれば、人間がどのような仕事をするかは、その人が生まれる遙か以前から神によって予定されている。私が職業作家として生きていくことができるのも、私の能力ではなく、そのような適性を神が予《あらかじ》め与えてくれたからだと思う。仕事を通じて私は神に恩返しをしなくてはならない。この恩返しの1つが、自分が書きたいという気持ちをある程度、抑えてでも、先人や同時代人の書いた優れた作品を世の中に伝えていくことだ。価値ある作品を後世につないでいくことが、私の役割と考えている。同じ想いから、私は作家の仕事とともに大学や高校での教育に従事している。

本書の最後に宮川サトシ氏の『母を亡くした時、僕は遺骨を食べたいと思った。』を収録したのには特別の意味がある。人類の歴史はリレーのようなものだと思う。親から渡されたバトンを子につないでいくことの重要性を私はこの作品から学んだからだ。良書を後世に伝えていくというバトンを私は託されているのだと思う。

本書を上梓するにあたっては㈱マガジンハウスの大島加奈子氏にたいへんにお世話になりました。大島氏は、幻冬舎の編集者として『先生と私』『十五の夏』の企画、連載、単行本化などを伴走してくださった、私にとってとてもたいせつな編集者です。書評集を通じて私の想いを伝えるという大島氏の企画も私の琴線に触れました。どうもありがとうございます。

2020年11月3日、曙橋(東京都新宿区)の書庫にて、

佐藤 優

装　丁　井上新八
本文デザイン　米山雄基

# 初出一覧

『それでも、日本人は「戦争」を選んだ』「波」２０１６年7月号
『地中海世界――ギリシア・ローマの歴史』「毎日新聞」２０２０年2月23日
『シリーズ近現代ヨーロッパ２００年史　地獄の淵から――ヨーロッパ史１９１４-１９４９』「毎日新聞」２０１７年7月2日
『東ドイツ史――１９４５-１９９０』「毎日新聞」２０２０年1月5日
『トランプ時代の日米新ルール』「毎日新聞」２０１７年8月6日
『金正恩――狂気と孤独の独裁者のすべて』「毎日新聞」２０１８年3月18日
『習近平の敗北――紅い帝国・中国の危機』「毎日新聞」２０１９年6月30日
『スターリン批判　１９５３～５６年――一人の独裁者の死が、いかに20世紀世界を揺り動かしたか』「毎日新聞」２０１６年7月10日
『「北洋」の誕生――場と人と物語』「毎日新聞」２０１５年2月22日
『プーチンの世界――「皇帝」になった工作員』「波」２０１７年1月号
『ゴルバチョフ――その人生と時代　上・下』「毎日新聞」２０１９年8月11日
『エンゲルス――マルクスに将軍と呼ばれた男』「毎日新聞」２０１６年5月29日
『キム・フィルビー――かくも親密な裏切り』「毎日新聞」２０１５年5月24日
『汝の名はスパイ、裏切り者、あるいは詐欺師――インテリジェンス畸人伝』「毎日新聞」２０１６年12月25日

初出一覧

『狼の義――新 犬養木堂伝』「本の旅人」２０１９年５月号
『サリン事件死刑囚――中川智正との対話』「毎日新聞」２０１８年８月19日
『コロナショック・サバイバル――日本経済復興計画』「毎日新聞」２０２０年６月６日
『官邸コロナ敗戦――親中政治家が国を滅ぼす』「産経新聞」２０２０年６月14日
『テロリズムとは何か――〈恐怖〉を読み解くリテラシー』「毎日新聞」２０２０年７月25日
『日本の大課題　子どもの貧困――社会的養護の現場から考える』「毎日新聞」２０１５年４月５日
『「なんとかする」子どもの貧困』「毎日新聞」２０１７年10月８日
『この国の冷たさの正体――一億総「自己責任」時代を生き抜く』「毎日新聞」２０１６年２月14日
『老前破産――年金支給70歳時代のお金サバイバル』「毎日新聞」２０１８年２月４日
『督促ＯＬ 指導日記――ストレスフルな職場を生き抜く術』「毎日新聞」２０１９年11月３日
『シリコンバレーで起きている本当のこと』「毎日新聞」２０１６年８月28日
『「他者」の倫理学――レヴィナス、親鸞、そして宇野弘蔵を読む』「毎日新聞」２０１６年10月16日
『武器としての「資本論」』「毎日新聞」２０２０年４月18日
『他者という病』「波」２０１５年９月号
『発達障害』「毎日新聞」２０１７年４月９日
『インターネット・ゲーム依存症――ネトゲからスマホまで』「毎日新聞」２０１５年１月11日
『モンテッソーリ流「自分でできる子」の育て方』「毎日新聞」２０１５年９月６日
『読書という荒野』「毎日新聞」２０１８年７月８日
『手のひらの京』「ケトル」ｖｏｌ・35
『終点のあの子』「ケトル」ｖｏｌ・34

『わたしの神様』「毎日新聞」2015年7月12日
『虚人の星』「群像」2015年11月号
『ブラック　オア　ホワイト』「波」2015年3月号
『崩壊の森』「毎日新聞」2019年4月21日
『あなた』「毎日新聞」2018年11月4日
『キリスト教史』「毎日新聞」2017年11月19日
『プロテスタンティズム——宗教改革から現代政治まで』「毎日新聞」2017年5月21日
『バルト自伝』「毎日新聞」2018年4月29日
『わたしの信仰——キリスト者として行動する』「毎日新聞」2018年12月23日
『備中高梁におけるキリスト教会の成立——新島襄の伝道と新しい思想の受容』「毎日新聞」2016年4月17日
『アメリカ映画とキリスト教　120年の関係史』「毎日新聞」2017年2月19日
『世界史の実験』「毎日新聞」2019年3月10日
『経済原論』「図書」2016年2月号
『千夜千冊エディション　本から本へ・デザイン知』「本の旅人」2018年6月号
『井上ひさしベスト・エッセイ』ちくま文庫解説
『試験に出る哲学——「センター試験」で西洋思想に入門する』「毎日新聞」2018年9月30日
『あの人はなぜ、東大卒に勝てるのか——論理思考のシンプルな本質』「毎日新聞」2015年11月8日
『母を亡くした時、僕は遺骨を食べたいと思った。』「波」2019年3月号

佐藤 優（さとう まさる）
1960年生まれ。作家。元外務省主任分析官。同志社大学神学部客員教授。同志社大学大学院神学研究科修了後、外務省入省。在ソ連・在ロシア日本大使館勤務等を経て、北方領土問題など対ロシア外交で活躍。『国家の罠』（毎日出版文化賞特別賞）、『自壊する帝国』（大宅壮一ノンフィクション賞、新潮ドキュメント賞）、『十五の夏』（梅棹忠夫・山と探検文学賞）など著書多数。神学に裏打ちされた深い知性をもって、専門の外交問題のみならず、政治・文学・歴史・神学の幅広い分野で執筆活動を展開し、教養とインテリジェンスの重要性を定着させたとして、2020年菊池寛賞受賞。

# 本は3冊同時に読みなさい

2020年12月3日　第1刷発行

著　者　佐藤 優
発行者　鉄尾周一

発行所　株式会社マガジンハウス
〒104-8003
東京都中央区銀座3-13-10
書籍編集部　☎03-3545-7030
受注センター　☎049-275-1811

印刷・製本所　中央精版印刷株式会社


ISBN978-4-8387-3135-0　C0095